Mo

LA ENCICLOPEDIA
DE LOS
HÁBITATS

JOHN FARNDON

PANAMERICANA
EDITORIAL

Edición coordinada por Jimena Licitra
Traducción del inglés:
Fernando Bort Misol, biólogo
Revisión y adaptación:
Wendy P. López, Jimena Licitra y Jesús Arellano
Diseño de la cubierta: Pablo Núñez

Título original: *Wildlife Atlas*
Editado por primera vez en Gran Bretaña en 2002
por Marshall Editions

© Panamericana Editorial Ltda., 2006
Calle 12 No. 34-20, Tels: 3603077 – 2770100.
Fax: (57 1) 2373805
www.panamericanaeditorial.com.
panaedit@panamericanaeditorial.com.
Bogotá D.C., Colombia.

Impreso en Singapur

Asesor científico: profesor Bryan Turner
Documentación: Angela Koo, John Farndon
Documentación gráfica: Su Alexander, Cynthia Frazer,
Sarah Stewart-Richardson
Diseño: Julia Harris, Rebecca Painter, Philip Letsu

Dirección artística: Simon Webb
Arte: Helen Spencer
Diagramación: Ralph Pitchford
Composición digital: Ali Marshall
Dirección del proyecto: Linda Cole
Equipo editorial:
Nicola Munro, Elise See Tai,
Julie Brooke, Clint Twist, Scarlett O'Hara

ISBN-13: 978-958-30-2346-0
ISBN-10: 958-30-2346-9

Índice

INTRODUCCIÓN

Quizá la Tierra sea el único planeta que rebosa de vida. Incluso en los rincones más oscuros, el hombre ha encontrado vida en cada grieta y resquicio y en todos los ambientes, independientemente de las características extremas que presenten. En la oscuridad de los océanos más profundos merodean algunos de los peces más extraños que jamás hemos visto, y hay aves que anidan en las cimas de las montañas más altas.

Pero tal vez lo más asombroso sea la inmensa variedad de seres vivos que nadan en el mar, vuelan en el aire, reptan o corren por la tierra. Actualmente, conocemos 1,5 millones de especies animales, y muchos zoólogos creen que el número puede ser mucho mayor. Existen más de 4.000 especies conocidas de mamíferos, 9.000 de aves, 6.800 de reptiles, 4.780 de anfibios, 24.000 de peces, un millón de insectos y quizá unas 400.000 especies de otras pequeñas criaturas llamadas "invertebrados"; entre ellas, 6.000 especies de arañas.

Debemos esta rica diversidad de vida a cientos de millones de años de evolución, cientos de millones de años de sutiles cambios producidos de generación en generación. Gracias a ellos, algunos animales transmitían sus rasgos a sus descendientes. Los que conseguían adaptarse a su medio ambiente sobrevivían; los otros no.

Sin embargo, debemos tener muy presente que las condiciones ambientales cambian, y con el paso del tiempo muchas especies desaparecen, como ocurrió con los dinosaurios. Esos poderosos animales fueron los amos de la Tierra durante millones de años, pero un drástico cambio ambiental hizo que desaparecieran de la faz de la Tierra.

Cada región de la Tierra tiene sus propias condiciones ambientales, y durante el largo proceso de la evolución cada especie ha ido encontrando su propio lugar. Una secuencia interminable de cambios ha creado el conjunto formado por todas las especies de animales que hoy pueblan la Tierra. Cada una de ellas ha conseguido adaptarse al medio concreto en el que vive, creando su propio nicho* en él.

Al igual que cada especie tiene su hogar, cada hogar tiene sus especies. Los bosques templados caducifolios de Norteamérica, con sus ciervos y tejones, albergan un conjunto de especies muy diferentes de los leones y elefantes de la sabana africana. El clima, las plantas, el terreno, la comida, los refugios disponibles y muchos otros factores han dado a cada región su propia gama distintiva de animales.

La *Enciclopedia de los hábitats* intenta explicarnos dónde habitan los animales de la Tierra y por qué viven allí. Con él recorrerás el mundo, hábitat por hábitat: desde las tórridas praderas de los trópicos hasta los gélidos yermos del Ártico y la Antártida. Cada capítulo se centra en un hábitat*

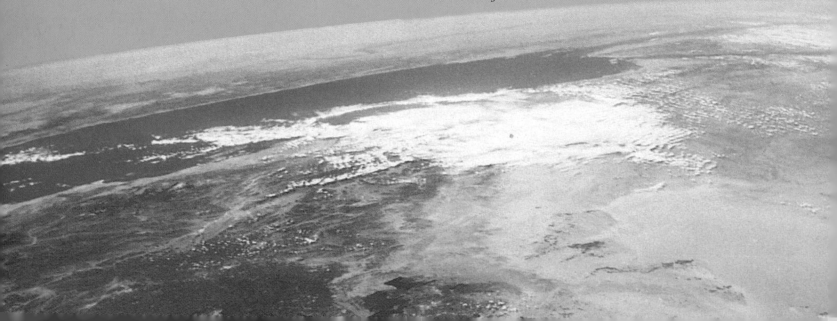

y nos muestra, continente por continente, los animales que viven en él: los depredadores, los mamíferos herbívoros, las aves, los insectos, los reptiles y todos los demás. En cada capítulo, hallarás unas páginas especiales que exploran la naturaleza del hábitat y las complejas relaciones entre los seres que viven en él. A través de los vívidos paisajes naturales descubrirás los distintos hábitats que existen en la Tierra: desde la selva tropical de Sumatra hasta la taiga de Siberia o el Gran Chaco de Suramérica.

Pero en la *Enciclopedia de los hábitats* descubrirás también una triste realidad: algunos de los animales que aparecen en ella pueden haber desaparecido para siempre. Actualmente, somos testigos de una de las mayores oleadas de extinción de todos los tiempos, pues cada vez son más las especies víctimas de la actividad humana. Más de 5.000 especies están en peligro de extinción, y muchas más están amenazadas.

Los expertos auguran que una quinta parte de todas las especies pueden desaparecer en los próximos veinte años.

Muchos son los factores que contribuyen a esta tragedia: la pérdida de hábitats al clarear el bosque para cultivar, el envenenamiento del suelo a causa de plaguicidas y contaminantes, las armas de los cazadores... Cuanto más sepamos y entendamos de las razones de esta masacre, más preparados estaremos para evitarla. Esta enciclopedia te permitirá conocer algunas de las especies clave que están amenazadas en cada hábitat y los factores que ponen en peligro su existencia.

Disfruta de la *Enciclopedia de los hábitats* y descubre la gran riqueza de vida animal y vegetal que posee nuestro planeta.

JOHN FARNDON

Hogares animales

Existen muchas formas de dividir el mundo en regiones naturales. Los zoólogos distinguen cinco zonas; los climatólogos se rigen según el clima, y los botánicos, por el tipo de plantas. Hay una estrecha relación entre el clima

Red alimentaria de la pradera

y la vegetación, y ambos desempeñan un papel clave para determinar el hogar de cada especie. En este libro, el mundo se divide en amplios "hábitats", regiones donde el clima y la vegetación crean un ambiente particular para los animales, como la selva tropical y los desiertos.

Selva tropical de Sumatra

Grupos de animales

El mundo animal se divide en dos grandes grupos: los que tienen columna vertebral, o vertebrados, y los que no la tienen, o invertebrados.

Estos últimos son en su mayor parte animales pequeños, como los insectos y los moluscos, aunque hay calamares gigantes de 18 m de largo. Los principales grupos de vertebrados son: los peces, los anfibios, los reptiles, las aves y los mamíferos. En la enciclopedia, las aves y los mamíferos están divididos en grupos según el lugar en el que pasan más tiempo (aves voladoras y aves terrestres) o los alimentos que consumen (aves rapaces, mamíferos depredadores, herbívoros o ramoneadores). Los grupos varían de un hábitat a otro, pues algunos animales pueden ser raros o inexistentes, y otros, mucho más comunes.

Praderas tropicales

Más de un tercio del planeta está cubierto de hierba.
Gran parte de las praderas han sido creadas por el hombre, que ha
sustituido los bosques por pastizales para el ganado. Pero aún hay
vastas extensiones de pradera natural, sobre todo en los trópicos.

•

Las praderas tropicales surgen en lugares en los que no llueve lo
suficiente, al menos durante medio año, para que puedan vivir los
árboles. Salvo palmeras y espinos, solo hay hierba hasta donde alcanza
la vista. En la estación húmeda, la hierba es verde y abundante.
En la estación seca, la hierba amarillea y los animales
recorren largas distancias en busca de pozos de agua.

•

Aun así, las praderas son hábitats muy productivos. En la sabana
africana, cada metro cuadrado produce casi dos kilos de materia
vegetal al año (la mitad de lo que produce la selva tropical).
Por eso, encontramos aquí una fauna abundante y algunas
de las criaturas más espectaculares del mundo.

Las praderas tropicales...

Trópico
de Cáncer

Ecuador

Trópico de
Capricornio

Pradera
asiática

Pradera
africana

Pradera
suramericana

Pradera
australiana

... y sus diferencias

Más de 160 especies de
hierba, como la hierba
racemosa y la briza

Palmera
herbácea

Quebracho
(árbol
espinoso)

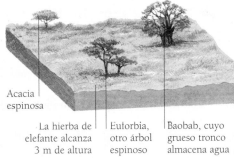

Acacia
espinosa

La hierba de
elefante alcanza
3 m de altura

Euforbia,
otro árbol
espinoso

Baobab, cuyo
grueso tronco
almacena agua

Suramérica
A veces, las praderas suramericanas son como
paisajes ajardinados, con grupos de árboles y
arbustos y altas palmeras de moriche. El
espinal, que es un bosque seco de arbustos
espinosos y árboles bajos, crece de forma
dispersa. El chaparro y el quebracho, un árbol
espinoso, crece en todas estas praderas, y en
algunos lugares forma macizos que parecen
islotes en un mar de hierba. Existen más de
160 especies* herbáceas, algunas de las cuales
alcanzan la altura de un hombre montado a
caballo.

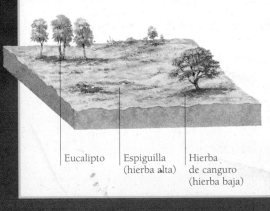

Eucalipto

Espiguilla
(hierba alta)

Hierba
de canguro
(hierba baja)

África
La sabana es una pradera tropical que cubre
gran parte de África central, sobre todo en el
este. La sabana cambia según la duración de la
estación seca. En el límite sur del desierto del
Sahara se extiende el Sahel, una extensa zona
de sabana seca con hierbas dispersas y
algunos árboles delgados. La pradera seca
espinosa también cubre una gran extensión
del sur de África, en los bordes del desierto
del Kalahari. En las zonas más húmedas hay
bosquetes, donde los latifolios*, como las
euforbias, crecen densamente.

Australia
En Australia, la hierba tropical del matorral
cubre un enorme arco que rodea el
continente de este a oeste. En Queensland,
al noreste, lo más común es la hierba: en las
zonas más húmedas crece la espiguilla, una
hierba alta, y la hierba de canguro, más baja. La
mayoría de los árboles de estas praderas son
de hoja perenne, como el eucalipto, la acacia y
la bauhinia. Sus hojas céreas reducen la pérdida
de humedad para soportar la estación seca.
Al noroeste, el árbol más común es el baobab.

Los ambientes

El clima de las praderas tropicales es
cálido, con una temperatura media de
27 °C. En la estación seca se pueden
alcanzar los 54 °C. Suele recibir de 500
a 1500 mm de lluvia al año (igual que en
España), en un período que dura entre
cinco y ocho meses (la llamada estación
lluviosa). El resto del año es muy seco.
Incluso en la estación lluviosa, el agua
se evapora rápidamente en el aire seco.

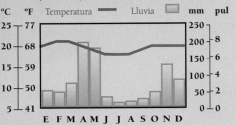

°C   °F   Temperatura ——— Lluvia ▢ mm pul

E F M A M J J A S O N D

Sol y lluvia
El gráfico recoge las precipitaciones
cada mes y la temperatura media diaria
en la sabana africana de Nairobi. Los
meses más lluviosos son de noviembre
a mayo. La estación seca comienza
en junio y dura cinco meses. Esta es
la época más calurosa del año.

Tormentas eléctricas
Las lluvias en la pradera tropical suelen
ser torrenciales. En el calor de la mañana
se forman grandes nubes grises y por la
tarde se desata la tormenta. A menudo,
los rayos caen sobre los árboles aislados,
provocando incendios en la hierba seca.

Hierba nueva
En la estación seca, la hierba se convierte
en paja y arde en los incendios naturales.
La hierba quemada parece muerta, pero
sus raíces sobreviven bajo el suelo.
Cuando vuelven las lluvias, surgen nuevos
brotes de hierba.

Praderas tropicales de Suramérica

Las praderas tropicales suramericanas son muy distintas de las de África. Las sabanas africanas son vastas extensiones de hierba en las que pastan enormes rebaños de rumiantes. Las praderas son más variadas, con zonas pantanosas y densos matorrales en muchos lugares. Por ello, en vez de rumiantes, los animales dominantes son roedores como el chigüiro y el agutí, y herbívoros* como el tapir y el pecarí, así como numerosas aves.

RÍO

CORDILLERA DE LOS ANDES

OCÉANO PACÍFICO

El ñandú

El ñandú es una gran ave que no puede volar, pero es muy veloz a la carrera. Aunque el número de ñandúes ha decrecido drásticamente por la caza y la ganadería, aún pueden verse en grupos de 30. En la época de cría, el macho se aparea con varias hembras. Luego, cava un hoyo poco profundo e incuba los huevos de todas sus hembras.

El Gran Chaco es una inmensa llanura seca que cubre 725.000 km² en el centro de Suramérica, entre la cordillera de los Andes y los ríos Paraguay y Paraná.

Aves terrestres
La escasez de árboles hace que muchas especies de aves de las praderas de Suramérica sean de hábitos terrestres. Además del ñandú, el tinamú y las codornices, entre otros, se pavonean por la hierba, y varias especies de pinzón se alimentan de semillas.

El carpincho o chigüiro

El chigüiro, o capibara, es el más grande de los roedores, que alcanza 1,25 m de largo y más de 50 kg de peso. Es muy tímido, y vive en grupos a orillas de los ríos, y se sumerge rápidamente si aparece algún depredador como el jaguar. Come hojas pero, en zonas agrícolas, puede robar ocasionalmente frutos y semillas.

Roedores
Las praderas pantanosas son un buen hábitat para grandes roedores, como el chigüiro, el agutí y el coipú (parecido a un castor pequeño), capaces de nadar y desenvolverse entre la vegetación acuática. El cobaya, el tucotuco y el mara, o liebre de la pampa, viven en zonas más secas de la pradera.

Rey de zopilotes

Este buitre tiene una envergadura alar de 1,7 m. Se alimenta sobre todo de carroña* (animales que encuentra muertos). De vuelo potente, pasa muchas horas planeando a gran altura mientras busca cadáveres. Además de una vista aguda, el rey de zopilotes tiene un fino olfato, algo raro entre las aves.

Reptiles y anfibios
Las marismas y ríos son hábitats para muchos reptiles y anfibios. Entre los primeros hay serpientes, como las boas y los crótalos, caimanes, tortugas de río, iguanas y lagartos, como el tejú. Los anfibios más fáciles de ver, por su colorido, son las ranas arborícolas venenosas y el sapo rojo.

Boa constrictor o güío

Las boas son una familia de serpientes que matan a sus presas apretándolas hasta asfixiarlas. Tragan enteras a sus víctimas, y tardan días o semanas en digerirlas. Sus mandíbulas elásticas les permiten abrir la boca desmesuradamente para engullir presas del tamaño del chigüiro, más gruesas que su propio cuerpo.

Aves rapaces
Una variedad de aves de presa como el chimango, el caracará moñudo, el azor de Swainson, halcones y aguiluchos buscan pájaros y otros pequeños animales de las praderas suramericanas para comer. Los zopilotes, pequeños buitres negros, son carroñeros.

8

Los Llanos son una extensa región de tierras bajas sin árboles, con praderas y marismas. Cubre 570.000 km² entre Venezuela y el este de Colombia.

La Gran Sabana es una alta meseta de pradera y matorral, elevada sobre abruptas paredes de roca. Su inaccesibilidad la convierte en refugio de especies raras.

OCÉANO ATLÁNTICO

Amazonas

Río Paraná

El Cerrado es un terreno de pradera y matorral al sur de la selva del Amazonas. Ocupa la cuarta parte de Brasil (tanto como Europa occidental), y alberga el cinco por ciento de todas las especies del mundo.

Puma

El puma vive en casi toda América. Este félido grande y esbelto puede medir 3 m de largo, incluyendo la cola, y pesar hasta 100 kg. No obstante, su voz se parece a la del gato doméstico, aunque más potente. Cazador temible, puede matar ciervos y guanacos.

Mamíferos depredadores

En las praderas viven cuatro grandes félidos: el puma, el jaguar, el jaguarundí y el ocelote, y otros menores, como el gato pajero y el gato montés. También hay dos grandes cánidos, ambos escasos: el aguaraguazú y el lobinio.

Jacamar de cola rojiza

Este pájaro de colorido plumaje se posa en una rama y gira la cabeza para inspeccionar el aire en busca de insectos. Cuando detecta uno, se lanza súbitamente para cazarlo al vuelo, y regresa a su posadero. A veces, golpea al insecto contra una rama para matarlo. La hembra cava un túnel en el suelo y pone en él de 2 a 4 huevos.

Peces

En los ríos y pantanales de las praderas de Suramérica viven más especies de peces que en ningún otro hábitat. Hay carácidos como el dorado, el pez lápiz, la voraz piraña y su inofensivo primo, el pacú. Los peces gato o bagres, como el cascarudo y el suruví, usan sus "bigotes" para orientarse en las aguas turbias.

Mamíferos herbívoros

En las praderas viven pocos mamíferos grandes que pasten hierba, como el guanaco y el ciervo de las pampas. La corzuela y el cariacú parecen pequeños gamos. Los ranchos ganaderos han reducido el número de estos animales.

Aves voladoras

Muchos de los pájaros que se ven sobrevolando las praderas de América del Sur son migratorias de paso, como vencejos, oropéndolas, patos y chochines. Entre las que crían allí hay añingas, picos carpinteros, loros, cotorras, palomas y tiranos. Entre las aves insectívoras hay horneros, monjitas, colibríes y tanagras.

Piraña roja

Las pirañas apenas alcanzan los 38 cm. Nadan en bancos inmensos que pueden devorar un gran animal en pocos minutos con sus dientes afilados como cuchillas. Suelen atacar a los animales heridos, a los que detectan por el olor de la sangre.

Ciervo de las pampas

Este pequeño ciervo abundaba antes en las pampas (llanuras sin árboles) de Argentina. Hoy, la agricultura y la caza han reducido su hábitat, y solo vive en el Cerrado y en el Gran Chaco.

Armadillo gigante u ocarro

Rechoncho y de patas cortas, el armadillo gigante alcanza más de 1 m de largo. Se mueve despacio, algo raro para un animal de las praderas, pero puede permitírselo gracias a su armadura de placas córneas. Si se ve amenazado, huye a su madriguera o se enrosca en una bola. Come sobre todo termes, rompiendo los termiteros con sus grandes y fuertes zarpas delanteras.

Insectos

Las praderas suramericanas dan cobijo a una gran variedad de insectos, como moscas, escarabajos y bellas mariposas papiliónidas. Los más abundantes son los termes y las hormigas, como la hormiga de fuego y la legionaria.

Otros mamíferos

Algunos herbívoros prefieren las hojas y brotes de matorrales y arbustos a la hierba, como el pecarí, un tipo de jabalí, y el tapir, pariente del caballo que tiene una corta trompa. El puerco espín, un gran roedor, come tallos y frutos; el oso hormiguero y el armadillo comen hormigas y termes.

Hormiga legionaria

En Suramérica viven unas 150 especies de estas hormigas, que marchan en grandes grupos en busca de una presa. No hacen hormigueros: crían sobre el suelo en numerosísimas colonias, y las obreras forman una "tienda" viviente para proteger a la reina y a las larvas.

Vivir en la pradera

Para los animales de las praderas de Suramérica, la vida es una constante lucha por la supervivencia. En los meses de la estación seca escasean la comida y el agua, y el espacio abierto, sin apenas escondites, hace peligrosa la vida durante todo el año. Para sobrevivir, los herbívoros han de comer hierba, raíces y pequeños frutos de los arbustos. Pero estos herbívoros son, a su vez, el alimento de los grandes depredadores, como el jaguar, el puma y el lobo de crin, o aguaraguazú.

Lo que come cada uno

Como en todo medio ambiente, los animales de las praderas suramericanas dependen los unos de los otros para sobrevivir. Los herbívoros obtienen su alimento de las plantas, y los carnívoros comen otros animales. El jaguar caza ñandúes y ciervos, mientras que los lobos de crin capturan armadillos y estos, a su vez, comen hormigas y termes. De hecho, todos los animales de la pradera están relacionados en cadenas de dependencia alimentaria, y estas cadenas forman entre sí una compleja red alimentaria*. Un cambio en una pequeña parte de esta red, quizá debido a la intervención humana, puede alterar todo el equilibrio.

El caracará moñudo suele comer carroña al comenzar el día. También se alimenta de pequeñas aves como horneros y monjitas.

Las moscas tienen un papel vital en la ecología de la pradera: difunden el polen, pues comen de las plantas y reciclan la materia de animales muertos y de los excrementos.

El agutí o ñeque, demasiado pequeño para desenvolverse entre las hierbas altas, vive en la hierba baja rebuscando frutos caídos. Su oído es tan fino que localiza la fruta por el leve golpe que esta produce al caer al suelo.

El armadillo gigante es un animal de fuerte y dura coraza, con unas zarpas increíblemente potentes. Con ellas puede excavar y abrir un termitero para comer los termes.

Los termes comen la madera podrida de árboles y raíces. Ello contribuye a que la materia vegetal muerta forme parte del suelo.

Termes

Las lombrices juegan un papel importantísimo en la formación de un suelo fértil. Comen tierra, que pasa por su tubo digestivo, y la expulsan tras digerir la materia orgánica que contiene.

La cecilia parece una lombriz azulada, pero es un anfibio como las ranas y los tritones. Es ciega y excava túneles bajo tierra, donde se alimenta de lombrices.

Adaptación a la pradera: las patas largas

Donde no hay lugares para esconderse, muchos animales dependen de la velocidad para huir de los depredadores. De hecho, muchos de los animales de la pradera son los corredores más veloces. La gacela de Thomson, de África, alcanza los 80 km/h. El pariente africano del ñandú, el avestruz, corre a 65 km/h. En la pradera suramericana, animales como la corzuela y el ñandú alcanzan estas velocidades gracias a sus patas largas y delgadas.

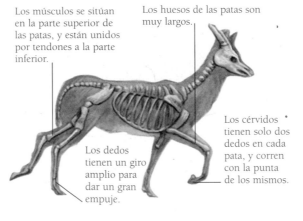

Corzuela

Los músculos se sitúan en la parte superior de las patas, y están unidos por tendones a la parte inferior.

Los huesos de las patas son muy largos.

Los dedos tienen un giro amplio para dar un gran empuje.

Los cérvidos tienen solo dos dedos en cada pata, y corren con la punta de los mismos.

Ñandú

Los huesos del tobillo y del pie forman un único hueso largo que aumenta la longitud de la pata.

Los dedos están muy desarrollados para dar empuje a una gran velocidad.

Las monjitas se lanzan desde las ramas para cazar al vuelo grandes insectos. A veces bajan al suelo para comer hormigas.

El aguaraguazú caza armadillos y aguties, así como cobayas, conejos y vizcachas (roedores que excavan galerías bajo tierra). También come pájaros, insectos, frutos y caña de azúcar.

El hornero, parecido al zorzal, come en el suelo, rebuscando entre la hierba termes, hormigas y arañas.

La corzuela es un pequeño cérvido que vive entre las hierbas altas, donde puede ocultarse. Come tallos de hierba y frutos de árboles, como la cesalpina.

El ñandú vive en las hierbas altas y come las puntas de las hierbas, a menudo en compañía de rebaños de ciervos. También come frutos e insectos.

El jaguar caza grandes herbívoros de la pradera, como corzuelas, ñandúes y carpinchos. También ataca al pecarí, pero este suele enfrentarse a él y ahuyentarlo.

El chigüiro se alimenta de pequeñas hierbas a orillas del agua, de forma que no compite con los ciervos (ni con el ganado).

El jaguar

El jaguar es corpulento, pero, como muchos depredadores, se mueve con rapidez y agilidad entre la vegetación. Corre a gran velocidad en trechos cortos, trepa a los árboles y es un buen nadador. Para cazar permanece al acecho, o se acerca a su presa con sigilo. Cuando la atrapa, sus fuertes mandíbulas pueden partirle el cráneo.

¡Fauna en peligro!

Aguaraguazú
En Bolivia y Paraguay quedan menos de 2.000 ejemplares de aguaraguazú, o lobo de crin, a causa de la destrucción de su hábitat. Las grandes extensiones de pradera que habitan son ahora campos de cultivo de soya. Además, los granjeros les disparan porque matan sus gallinas.

Guanaco
El guanaco es el mamífero terrestre más grande de Suramérica, pero su población ha sido diezmada. Hace un siglo había más de ocho millones de guanacos. Hoy solo quedan unos 100.000, y su número sigue bajando, debido a las alambradas colocadas en los pastos.

El factor humano
Recientemente, se han hecho ranchos ganaderos en grandes áreas de pradera, sobre todo en el Cerrado de Brasil, sin estudiar sus efectos en el medio ambiente. Cercar la pradera y dejar pastar a vacas y ovejas no parece tan grave como talar árboles en la selva, pero su efecto en la fauna salvaje puede ser igual de devastador.

11

El Gran Chaco

Extendiéndose desde el pie de las altas cumbres de los Andes, al oeste, hasta las turbulentas aguas del río Paraná, al este, el Gran Chaco es una vasta llanura que cubre 750.000 km². Se encuentra en el corazón de Suramérica, entre Paraguay y Argentina, y su nombre viene de una palabra quechua que significa "tierra de caza", por la abundante fauna que contiene. En su mayor parte es un mar de hierba, que con frecuencia crece hasta la altura de un hombre a caballo. Aquí y allá, como islas verdes, se elevan cerros cubiertos de quebracho, un arbusto espinoso. En la tórrida estación seca, las temperaturas pueden alcanzar los 47 °C y la hierba se convierte en paja. Pero en mayo llegan las lluvias, y los brotes de hierba que han sobrevivido bajo el suelo crecen otra vez, volviendo a recubrirlo todo de verdor.

Una tarde en el Chaco

La estación seca ha llegado al Chaco, y las lluvias tormentosas procedentes del Amazonas, al norte, se evaporan en el inmenso cielo azul. En esta época, la hierba bulle de vida. Millones de aves migratorias (oropéndolas, monjitas, lúganos) vienen del norte en bandadas para comer los frutos que los viejos árboles dan año tras año.

•

En la orilla de una charca, aún llena por las lluvias, un jaguar yace inmóvil entre la hierba, observando un par de chigüiros desprevenidos. Una boa verde se enrosca en un tronco y acecha a la monjita posada en una rama, mientras una rana arborícola venenosa contempla el agua desde un matorral.

•

Cerca, los tapires corretean entre las altas hierbas. Un aguaraguazú de largas patas descansa tranquilamente, esperando que caiga la noche para salir a cazar. Más lejos, vadeando con calma la hierba, hay una pareja de ñandúes, las aves más grandes de Suramérica.

•

Por todas partes, la llanura está jalonada por los termiteros, montones de barro levantados por los termes. Si se escucha con atención, puede oírse el rascar y resoplar del oso hormiguero, mientras se abre paso en el termitero buscando los insectos. Lejos, se oye débilmente el extraño mugir de los guanacos que, reunidos en un pequeño rebaño, pastan tranquilamente.

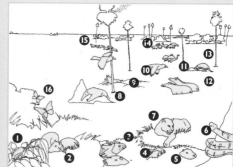

CLAVE

1 Rana arborícola	9 Aguaraguazú
2 Agutí	10 Cardenal gris
3 Dorado	11 Ñandú
4 Piraña	12 Tapir
5 Chigüiro	13 Armadillo gigante
6 Boa verde	14 Guanaco
7 Jaguar	15 Corzuela gris
8 Oso hormiguero	16 Morfo azul

Praderas africanas

Las vastas praderas de la sabana africana son uno de los hábitats naturales más espectaculares que existen, y albergan algunos de los mayores mamíferos del mundo. En ella, es fácil ver a grandes animales herbívoros, como los antílopes y las cebras; a elefantes y rinocerontes comiendo de las ramas, y a grandes félidos depredadores, como leones y guepardos.

Sahel

Entre la sabana y el Sahara se extiende una zona de matorral seco, el Sahel. Aquí viven el órix, la gacela dama, la gacela dorcas y el alcélafo.

Mamíferos ramoneadores*

Los animales ramoneadores (jirafas, elefantes, rinocerontes negros y blancos, facoceros y antílopes, como el eland, kudú, cobo, impala y el pequeño dik-dik) se alimentan de los árboles de la sabana. Sin embargo, la desaparición de estas tierras por efecto de los campos de cultivo hace que cada vez sean más escasos los árboles.

Elefante africano

Este elefante es el mayor de los animales terrestres. Los machos llegan a medir 3,4 m de alto y a pesar más de 5 toneladas. Su dieta se basa en hojas y pueden pasar hasta 16 horas al día comiendo. A veces derriban los árboles para alcanzar las ramas más altas y utilizan los colmillos para buscar raíces. Las hembras y los individuos jóvenes siguen a la hembra más vieja; los machos son solitarios.

Primates

Los papiones y los micos duermen en los árboles para evitar a sus enemigos, y los micos incluso comen en ellos. Los gálagos, mucho más pequeños, pasan toda su vida en los árboles, saltando ágilmente de rama en rama.

Papión amarillo

Los papiones son grandes monos con fuertes mandíbulas. Viven en el suelo en tribus formadas por machos y hembras de todas las edades. Hay una jerarquía estricta, pero se forman amistades entre unos y otros.

Impala

El impala es el más grácil de los antílopes, conocido por su ágil modo de correr y de saltar. Para huir de los depredadores como el león y el licaón, puede dar saltos de hasta 10 m y correr a 80 km/h. Los machos, que son más fuertes, dirigen los rebaños de hembras e impalas jóvenes.

Mamíferos herbívoros

Las hierbas de la sabana sirven de alimento a los rumiantès: cebras, cobos y búfalos; muchas especies de antílopes, como el antílope caballo y el sable; ñúes y varias especies de gacelas, como la de Grant y la de Thomson.

Veld

Al sur, la sabana más seca ocupa una región llamada *Veld*. Allí viven grandes rebaños de kudúes, gacelas y ñúes, así como pequeños grupos de dik-diks.

Aves rapaces

Muchas aves rapaces buscan sus presas en la sabana, como el águila marcial, o águila belicosa; el águila de Verreaux, el azor de Gabar y muchas especies de buitres, como el buitre de Ruppell, que se alimenta de animales que han matado los depredadores.

Secretario

El secretario, o serpentario, alcanza 1,2 m de altura. Es famoso por su habilidad para sujetar y matar serpientes con las patas. El penacho de su cabeza recuerda las plumas de ave que los antiguos oficinistas sujetaban sobre la oreja, y a ello debe su nombre.

Reptiles y anfibios

La falta de humedad permite vivir a pocos anfibios en la sabana, pero hay muchos reptiles, entre ellos varias especies de camaleones, como el de Jackson y el de Meller; gecos, lagartos, tortugas y serpientes.

Río Nilo

Lago Victoria

Mamba verde

La mamba verde se asienta en las ramas, desde donde acecha a los camaleones y los pájaros. Para ello, deja la cabeza y el cuello colgando inmóviles en el aire. Si lo molestan, infla su cuello y se lanza sobre su presa para morderla. No alcanza los 2 m de longitud, pero su mordedura es venenosa y produce hemorragias internas, a veces mortales.

Serengeti

El este de África es el corazón de la sabana herbácea. El Serengeti, en Tanzania, alberga más de medio millón de búfalos, gacelas, ñúes y cebras, además de elefantes, rinocerontes, jirafas, guepardos y leones, junto a 450 especies de aves.

Damán de El Cabo

En los cerros rocosos de la sabana vive este animal, parecido a un conejillo de Indias. Sin embargo, es pariente cercano de los elefantes. Su estructura cerebral es semejante a la de estos, pero otros rasgos internos lo acercan más a los rumiantes.

Pequeños mamíferos

La sabana es famosa por sus grandes animales, pero hay un gran número de pequeños mamíferos entre la hierba. Por ejemplo, está la musaraña elefante, los ratones listados y las liebres saltadoras. La zorrilla es pariente de la mofeta y, como esta, lanza un líquido pestilente si se ve amenazada.

Aves terrestres

Las aves no abundan en el suelo de la sabana, debido a su escasa cobertura vegetal. El avestruz no vuela, y depende de su veloz carrera para huir de los depredadores. Otras aves terrícolas son el cálao cuervo, el cálao piquigualdo, la hubara (próxima a la avutarda) y la pintada.

Picabueyes

El picabueyes monta a lomos de las reses, cebras o rinocerontes para comerse las garrapatas. Eso los ayuda a liberarse de parásitos. Un picabueyes come hasta 2.000 garrapatas al día. Cuando se alarma, silba y alerta del peligro a su hospedador.

Aves voladoras

El cielo de la sabana está poblado de aves como turacos, alcaudones, papamoscas, abubillas, estorninos, carracas, abejarucos y muchas especies de tejedores, entre ellos inmensas bandadas de queleas.

Pájaro republicano

Los pájaros republicanos viven juntos en grandes nidos coloniales, que construyen con hierba y barro sobre los árboles. El nido, cuyo techo recuerda una palloza, mide hasta 4 m de alto y 8 m de largo. Dentro hay hasta 300 cámaras, y en cada una vive una pareja de aves. Las cámaras se disponen en grupos, cada uno con un túnel de entrada dirigido hacia abajo. Varios pájaros se ocupan de la limpieza de la colonia todo el año.

Insectos

En la sabana hay grandes termiteros de termes cosechadores. Sus obreros salen a la superficie en busca de hierba para alimentar a las larvas. Las moscas de la carne y los escarabajos suelen comer los cadáveres que dejan los buitres. A veces, las plagas de langosta devastan las cosechas.

Mantis religiosa

La mantis religiosa, o santateresa, debe su nombre a la forma que tiene de juntar las "manos", como si rezara. Sin embargo, es el más temible de los depredadores entre los insectos. Suele matar sus presas de un mordisco en el cuello y puede cazar incluso pequeñas ranas. Al aparearse, la hembra devora la cabeza del macho.

Mamíferos depredadores

Los rebaños de rumiantes son el alimento de los grandes félidos (leones, leopardos y guepardos) y de los cánidos (licaones y chacales). El guepardo caza gracias a su velocidad, y los leones y licaones lo hacen en equipo.

León

El león es uno de los mayores félidos. El macho, con su gran melena, alcanza los 3 m de largo y llega a pesar 230 kg. Aunque de menor tamaño, son las hembras las que se ocupan de cazar y conseguir el alimento. Viven en grupos familiares y comen generalmente cada cuatro días, consumiendo hasta 50 kg de carne de una vez. Pasan unas 20 horas al día descansando.

Pastar y ramonear

La alternancia de una estación seca y otra húmeda en el Serengeti africano origina las migraciones más asombrosas del mundo animal. En mayo cesan las lluvias, la tierra se seca y los inmensos rebaños de ñúes comienzan a moverse en busca de pastos y agua, levantando a su paso grandes nubes de polvo. En su viaje los acompaña una multitud de cebras y antílopes, y los siguen leones y licaones hambrientos. Cuando vuelven las lluvias y crece la hierba fresca, los rebaños regresan, completando así el ciclo anual migratorio, en el que recorren más de 2.400 km.

Adaptación a la pradera: niveles de ramoneo

Las especies que pastan se adaptan a las condiciones de la hierba para poder comer. De la misma manera, los ramoneadores han aprendido a comer de ramas a distintas alturas. Los rinocerontes y dik-diks se alimentan de ramas bajas, donde hay una fuerte competencia. En cambio, los elefantes, gracias a sus trompas, y las jirafas alcanzan ramas más altas a las que no llegan otros animales.

La jirafa usa la lengua para retorcer y arrancar hojas y ramas a 5 m de altura.

Con su trompa, el elefente arranca ramas casi a la misma altura que la jirafa.

El antilope jirafa, o gerenuc, se alza sobre las patas traseras para alcanzar ramas más altas.

El eland alcanza las ramas a la misma altura de su cruz, y las desgaja con los cuernos.

ESTACIÓN HÚMEDA

1. En la estación seca, cuando abunda la hierba, los rebaños de cebras, ñúes y gacelas de Thomson conviven en las altas llanuras del sureste. Sus crías nacen en febrero.

7. Hacia finales de octubre comienzan a caer las lluvias, y los rebaños emprenden su viaje de vuelta hacia las llanuras herbáceas del sureste.

6. Cuando la sequía cobra víctimas, los buitres que planean sobre los rebaños se apoderan de los animales muertos.

La gran migración

Desde hace miles de años, los ñúes protagonizan una gran migración en el Serengeti. Esta se ajusta puntualmente a los cambios del medio ambiente. El momento de partida y la ruta varían de un año a otro, y la migración cambia en respuesta a variaciones locales del crecimiento de la hierba. A veces, por ejemplo, el tiempo seco adelanta la partida de los rebaños de las llanuras. Si un año el fuego bloquea la ruta, es posible que al año siguiente los animales pasen por este lugar, pues la hierba habrá retoñado. Al parecer, la época de celo se adapta a la luna llena.

SE

NO

16

2. Hacia el final de la estación seca, los rebaños comienzan a agruparse para la migración; llega la época de celo, y los machos entablan combates rituales.

Las gacelas de Thomson siguen el rastro de los ñúes, comiendo las semillas y brotes ricos en proteínas que quedan después de que los ñúes pasten los tallos de hierba.

3. Cuando se ponen en marcha, los rebaños de cebras alcanzan las 200.000 cabezas. Los de gacelas de Thomson llegan al medio millón, y los de ñúes, al millón y medio de cabezas.

Los ñúes siguen a las cebras y comen las hojas y tallos inferiores de la hierba que aquellas dejan después de comer.

Las cebras, que dirigen la marcha, comen la parte más alta de la avena. Al avanzar a través de la hierba, abren un sendero para los pequeños animales que las siguen.

ESTACIÓN SECA

4. Mientras la estación seca avanza, los rebaños se mueven más al noroeste, hacia tierras más arboladas. Muchos mueren al cruzar los ríos infestados de cocodrilos.

5. Al final de la estación seca, los ríos se secan y las charcas disminuyen. Los rebaños, guiados por las cebras, llegan a los bosques del noroeste.

Guepardo a la caza

El guepardo es el corredor más veloz del mundo. Como no le es fácil esconderse en la sabana, depende de un súbito arranque de velocidad para atrapar sus presas, como las gacelas. Puede alcanzar los 100 km/h en solo 5 segundos. En su zancada deja de pisar el suelo en dos ocasiones: primero, cuando une las cuatro patas (foto), y luego cuando las extiende completamente. De esta forma, el guepardo "vuela" casi 7 m por el aire.

¡Fauna en peligro!

Rinocerontes

Después de los elefentes, el rinoceronte blanco es el animal terrestre de mayor tamaño. Su cuerno, al que se atribuyen virtudes medicinales, lo convierte en objeto de caza ilegal. Hoy apenas quedan 7.000. Para evitar que los cacen, los guardas les cortan el cuerno, que luego vuelve a crecer.

Cebra de Grevy

Es la más grande de las cebras, y vive en las partes áridas de la sabana. La caza furtiva diezmó esta especie, muy buscada por su piel. Hoy las cebras están protegidas, pero su vida sigue viéndose amenazada por la competencia del ganado, que consume pastos y agua.

El desierto creciente

El clima más seco de los últimos años ha convertido los bordes de la sabana en desierto. El problema se agrava con el pastoreo excesivo de los animales concentrados en las escasas áreas de hierba y del ganado.

Praderas de Australia

La Gran Meseta Occidental
Esta meseta, que abarca gran parte de Australia Occidental, se sitúa entre 300 y 500 m de altitud, y está cubierta en su mayor parte de matorral de mulga (acacias) y eucalipto enano.

Las vastas, áridas e interminables llanuras y mesetas del despoblado interior de Australia, allí llamado *outback*, albergan gran parte de la peculiar fauna del continente, desde canguros y ualabíes hasta bandicuts y topos marsupiales. Casi toda la región es muy árida, y los animales deben afrontar la escasez de agua. En las zonas de mayor vegetación, la fauna salvaje ha de competir con el ganado.

GOLFO DE CARPENTARIA

DESIERTO DE GIBSON

GRAN DESIERTO DE VICTORIA

GRAN BAHÍA AUSTRALIANA

Canguro rojo

El canguro rojo es el mayor de los canguros y marsupiales, con una altura de 1,8 m. Puede correr a 60 km/h, y saltar 9 m de una sola vez. Se llama rojo por el color de la espalda y el pecho de los machos en la época de cría. Las hembras tienen una coloración gris azulada, y los australianos las apodan "voladoras azules".

Mamíferos herbívoros
En Australia no hay rumiantes nativos. Su lugar lo ocupa la familia de los canguros, que tienen fuertes patas traseras y largos pies para saltar. Hay 69 especies divididas en dos subfamilias, los macropodoideos (canguros y ualabíes) y los potoroideos (canguros rata o potoros).

Águila australiana

Es la mayor ave rapaz de Australia, con una envergadura de más de 2 m. Puede matar un canguro si ataca en grupo. En Tasmania hay una subespecie propia, que hoy está en peligro.

Aves rapaces
Estas aves colonizaron fácilmente esta zona: así encontramos especies cosmopolitas como el milano negro, y también otras locales, como el cernícalo australiano, el azor gris y el alcotán australiano.

Insectos y arañas
En la pradera australiana abundan las hormigas y los termes, como el termes magnético, que construye un termitero alargado orientado de norte a sur. Hay cigarras, escarabajos, moscas y arañas, como la araña de tapadera.

Insecto palo gigante

Australia posee muchas especies de insectos palo. En 2001 se encontró viva una especie que se creía extinguida, en una isla cercana a la costa. Mide 15 cm, y se dice que parece una salchicha andante.

Aves terrestres
Las aves terrícolas han prosperado gracias a la escasa presencia de grandes depredadores. Además del emú, hay loros terrícolas, como el lorito de hierba turquesa, los jardineros y los megápodos. Los últimos, parecidos a urogallos, ponen sus huevos en un montón de hojarasca y no los incuban.

Emú

El emú es la segunda ave más grande del mundo, y alcanza 1,8 m de altura. Sus alas son rechonchas y no puede volar, pero sus largas patas le permiten correr a 50 km/h. Si se ve acorralado, da peligrosas coces. Come raíces, frutos y hojas.

Clamidosaurio

Cuando se asusta, el clamidosaurio permanece inmóvil, camuflado como una rama seca. Si es descubierto, abre la boca, despliega su gorguera y emite un fuerte bufido. Sin embargo, es totalmente inofensivo. Vive sobre todo en los árboles, pero también corre por el suelo y puede dar saltos de hasta 10 m.

Reptiles y anfibios

Las praderas australianas albergan serpientes muy venenosas de la familia de los elápidos, como la víbora de la muerte y el taipán. También hay unas 500 especies de lagartos, como los gecos, escincos y las ágamas. En los ríos del norte habitan parientes menores del cocodrilo marino gigante, que vive en la costa.

Mamíferos ovíparos

Debido al aislamiento del continente, han sobrevivido mamíferos primitivos únicos, los monotremas, que ponen huevos. Son el ornitorrinco y el equidna.

Equidna

Los equidnas son mamíferos ovíparos que alcanzan los 50 cm de largo. Hay dos especies, pero ambas tienen patas cortas y fuertes garras para cavar la tierra en busca de hormigas, un hocico largo y estrecho y una lengua muy larga para chupar las hormigas.

Mamíferos depredadores

Antes de que los colonizadores introdujeran los dingos, hace unos 3.000 años, el único gran depredador de Australia era el lobo marsupial. El dingo, que lo ha sustituido, lo llevó a la extinción en el continente.

Periquito

Esta popular ave de jaula que hoy se cría en todo el mundo es un pequeño perico nativo de las praderas australianas. El periquito salvaje siempre es verde, y vive en grandes bandadas. No suele permanecer mucho tiempo en el mismo sitio. Se desplaza constantemente en busca de semillas. Suele comer por las mañanas para evitar el calor del día.

Aves voladoras

La rica fauna ornítica de la pradera australiana incluye una gran variedad de loros y cacatúas. La más conocida es la de moño amarillo, gracias a su áspero canto. Hay también melífagos, que chupan néctar, y abejarucos.

Dingo

El dingo es una forma salvaje del perro doméstico, y se cree que procede de Asia. Antes de que llegaran los europeos, sus presas principales eran canguros y ualabíes. Hoy también caza conejos y ovejas, y los granjeros tratan de combatirlo con alambradas y venenos.

Peces

El interior de Australia es seco, pero en sus ríos y arroyos abundan los peces, como el enorme abadejo de Murray, el pez gato australiano, el pez arquero, que caza insectos escupiéndolos, los peces arcoiris, que se crían en acuarios, y diversos gobios.

Barramundi

El barramundi es una enorme perca de hasta 1,8 m de largo. Nace en los ríos y lagos del norte de Australia, y luego migra al mar. Al nacer, todos los individuos son machos pero, a los cinco años de llegar al mar, se convierten en hembras, y remontan los ríos para reproducirse. Se cree que el agua salada estimula el cambio de sexo.

Pequeños mamíferos

En las praderas australianas viven muchos pequeños mamíferos, gran parte de los cuales son marsupiales exclusivos de Australia, como el ratón marsupial, el bandicut, el uómbat y los falangeros, parecidos a ardillas. Muchos pasan el verano durmiendo (estivación) para protegerse del calor.

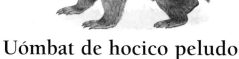

Uómbat de hocico peludo

El raro uómbat de hocico peludo es uno de los mayores animales excavadores del mundo, pues mide 1 m de largo. Con sus zarpas anteriores en forma de pala, cava madrigueras en las que descansa de día. Como otros marsupiales, lleva a sus crías en una bolsa hasta que terminan de desarrollarse. Hay dos especies, la del norte y la del sur.

Marsupiales

Hace cien millones de años, Australia comenzó a separarse del resto de los continentes, y una variedad única de animales se desarrolló allí de manera aislada. En particular, hay dos grupos de mamíferos que no se encuentran casi en ningún otro lugar: los marsupiales, que llevan a sus crías en una bolsa, y los monotremas, que ponen huevos. Ocupan nichos* similares a los de animales parecidos de otras partes del mundo.

El demonio de Tasmania es hoy casi el único marsupial cazador, aunque en otro tiempo hubo un león y lobo marsupiales.

El bandicut y el mirmecobio (de piel rayada) comen insectos. Sus hocicos son puntiagudos y tienen garras fuertes para cavar.

El topo marsupial es un animal excavador con fuertes garras delanteras para abrir túneles en el suelo.

Nichos marsupiales

Los marsupiales aparecieron hace unos cien millones de años y colonizaron el mundo entero. Se cree que los mamíferos placentarios*, cuyas crías nacen más desarrolladas, surgieron después y provocaron la extinción de los marsupiales en casi todo el mundo, menos en Australia, donde evolucionaron de forma aislada. El reciente hallazgo de fósiles de mamíferos placentarios de 115 millones de años en Australia, y el análisis del ADN* de ambas clases de mamíferos, sugieren que unos y otros vivieron juntos durante millones de años. En cualquier caso, está claro que los marsupiales evolucionaron para ocupar nichos similares a los de animales análogos de otros lugares, hasta tal punto que hay un "lobo" marsupial, un "topo" marsupial, etc. Es lo que se conoce como convergencia evolutiva.

Carnívoros

Leopardo
Los grandes félidos y cánidos son depredadores placentarios, y hoy no tienen equivalente entre los marsupiales.

Insectívoros

Pangolín
Los placentarios que comen hormigas, como el pangolín y el oso hormiguero, también tienen largos hocicos y grandes zarpas.

Excavadores

Topo dorado
Salvo en el color de su piel, los topos placentarios son muy parecidos al topo marsupial.

Adaptación a las praderas: pies grandes para saltar

Los herbívoros placentarios corren a cuatro patas para huir de los depredadores. Pero muchos marsupiales marchan a saltos sobre dos patas. Las patas traseras de un canguro rojo son casi diez veces más grandes que las delanteras. Cuando caminan despacio, los canguros se apoyan en las cuatro patas, pero si tienen que correr, se levantan sobre las patas traseras y saltan. Los primeros saltos requieren mucha energía, pero se necesita muy poca para acelerar. Los mamíferos que corren a cuatro patas gastan mucha energía para acelerar la carrera.

Los dedos interiores del pie del canguro se han desarrollado con un tamaño y una fuerza especiales.

Ualabí de roca

Además de los marsupiales, hay muchos roedores de grandes pies que avanzan a saltos, como el jerbo ratón de Australia, el jerbo común (de Asia y África) y la rata canguro norteamericana.

Jerbo ratón australiano

Los uómbats ocupan un nicho ecológico como el de tejones y marmotas, pero crecen más al no tener competidores. Sin embargo, no hay grandes ramoneadores marsupiales.

Los falangeros, el cuscús y el koala (de arriba abajo) son marsupiales arborícolas que se alimentan de vegetales.

El canguro rojo es un gran herbívoro como el antílope, el ciervo o el bisonte, pero no se parece a ninguno de ellos. Tiene pocos depredadores que evitar y, para huir, salta sobre sus patas traseras en vez de correr.

Ramoneadores*

Elefante
Ya sean gigantes, como el elefante, o pequeños, como el tejón, en todo el mundo hay ramoneadores.

Arborícolas

Mico verde
Las ardillas, los titíes y los micos equivalen, entre los placentarios, a los marsupiales arborícolas.

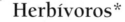

Herbívoros*

Búfalo cafre
En el resto del mundo, los grandes herbívoros como el búfalo han desarrollado largas patas con pezuñas y viven en rebaños para protegerse de los depredadores.

Megápodo ocelado

Los megápodos son grandes aves que ponen sus huevos en una "incubadora" formada por un montón de abono. En otoño, el macho (en la imagen) cava un hoyo y lo llena de hojarasca. Cuando llueve en primavera, la hojarasca se descompone y desprende calor. Entonces, la hembra pone allí su huevo. El macho controla la temperatura, echando arena para conservar el calor si hace frío o abriendo el montón para ventilar si hace calor. Así, la temperatura se mantiene a 33° exactos; por eso al megápodo se le conoce como "el ave termostato".

¡Fauna en peligro!

Ualabí de cola unguiculada
Este ualabí debe su nombre a la "uña" de hueso que remata su cola. En otro tiempo, se le dio caza por ser considerado una "plaga" para la agricultura, pero también por su piel. En 1960 se le creyó extinguido. En 1973 se hallaron algunos ejemplares en Queensland. Hoy es muy escaso.

Mirmecobio
A diferencia de otros marsupiales, el mirmecobio permanece activo durante el día. Este pequeño animal come hasta 20.000 termes al día. Los zorros introducidos por los europeos han acabado con muchos mirmecobios, y hoy viven solo en los bosquetes de Wanadoo, en el suroeste de Australia.

Casuario de casco
EL casuario es una gran ave no voladora de la selva lluviosa australiana. Tiene un papel crucial en la dispersión de semillas de 150 especies de plantas, pero la pérdida de su hábitat y los atropellos en carreteras han diezmado su especie.

Selvas tropicales

En las regiones tropicales con lluvias abundantes crece la
selva lluviosa tropical. La combinación de calor y humedad,
constantes a lo largo del año, hacen de estas selvas los
hábitats más verdes, densos, ricos y variados del planeta.

•

Las selvas tropicales apenas cubren el seis por ciento de las
tierras emergidas, pero contienen el 50% de las especies de
plantas y animales (o hasta el 90%, según algunos científicos).
En ellas viven más especies de anfibios, mamíferos, insectos,
aves y reptiles que en cualquier otro medio ambiente. En un
estudio se hallaron más especies de hormigas en un simple
tocón de la selva tropical que en todas las Islas Británicas.

•

Pero las selvas tropicales son hábitats increíblemente frágiles,
en parte debido a la alta dependencia que los animales y las
plantas tienen entre sí. Allí, casi todos los árboles dependen
de los animales para dispersar sus semillas, cuando lo
habitual en otros hábitats es la dispersión por el viento.
La cada vez mayor actividad humana en las selvas tropicales
amenaza la existencia de miles de especies.

Las selvas tropicales...

Trópico de Cáncer

Ecuador

Selva del Amazonas

Selva de Australia

Selva del sureste de Asia

Selva de Sumatra

Trópico de Capricornio

... y sus diferencias

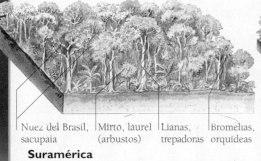

Nuez del Brasil, sacupaia | Mirto, laurel (arbustos) | Lianas, trepadoras | Bromelias, orquídeas

Caobo, iroco | Cacao | Rafia, sisal | Hongos

Suramérica
La selva del Amazonas tiene gran variedad de árboles, unos altos (como el árbol del caucho, el de la nuez de Brasil, la ceiba, el cedro, la sacupaia y el sucupir) y otros bajos (como el mirto, el laurel y la bignonia). Las lianas y epífitas* (por ejemplo, las orquídeas y bromelias) suelen cubrirlos.

Epífitas | Árboles del té | Matapalos | Lichi, mango

África
Las selvas tropicales africanas son menos variadas que las de Suramérica. Hay grandes árboles de madera dura, como el caobo, el ocumé, el iroco y el sapeli, y otros más pequeños como el del cacao llevado de América. Entre ellos viven plantas de fibra como la rafia y el sisal, y numerosos hongos.

Australasia
Las selvas del sureste de Asia están dominadas por enormes árboles del té, junto a la teca y el palo de hierro. Bajo ellos proliferan árboles pequeños que incluyen frutales, como el lichi, el mango y la morera. Los árboles están cubiertos de líquenes, epífitas y trepadoras, como el caucho matapalo. En el suelo crecen flores gigantes, como la *Rafflesia* y el aro titán.

Los ambientes

El clima típico de las selvas lluviosas tropicales es húmedo y caluroso. La temperatura apenas sube de 34 °C o baja a 20 °C. No hay estación seca y llueve casi todas las tardes, con 100 mm de precipitaciones cada mes.

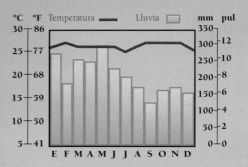

Sol y lluvia
El diagrama representa la temperatura media diaria y las precipitaciones en el río Vaupés, en la selva del Amazonas. La temperatura no varía más de 2-5 °C entre el mes más caluroso y el más frío.

Charcas en los árboles
La mayor parte de la lluvia suele quedar atrapada en el denso follaje del dosel*. Del agua que cae al suelo, la mitad será liberada por las hojas al transpirar. La humedad de los árboles acoge a muchas plantas "aéreas". Algunas de ellas forman charcas en las que incluso viven ranas.

Nubes de tormenta
La mayor parte de la lluvia de la selva llega en forma de tormentas (al menos 200 días al año). Cada mañana, el calor y la humedad de los trópicos se combinan para formar inmensas nubes, que descargan agua por la tarde.

Selvas de Asia y Australasia

Se llama Australasia al conjunto formado por Australia y las grandes islas que la rodean. Las selvas de esta región y las del sur de Asia son menos extensas que la selva del Amazonas, y sus mayores animales, como los elefantes, rinocerontes y tigres, están amenazados por la actividad humana. Sin embargo, todavía hay en ellas muchos seres vivos, como las mariposas y las aves más coloridas del mundo.

La línea de Wallace es una línea imaginaria que separa hábitats distintos en el sureste de Asia. Al oeste de la línea hay ciervos, monos, jabalíes, gatos, elefantes y rinocerontes. Al este, en Nueva Guinea y Australia, hay marsupiales como zarigüeyas, cuscuses, canguros arborícolas y bandicuts.

La selva del Ganges está en retroceso, pero aún acoge tigres, rinocerontes, elefantes y gaúres, un tipo de búfalos.

Aves
En Asia, el dosel de la selva está lleno de coloridos cálaos, loritos, nectarinas e irenas, golondrinas y vencejos. Por el suelo corretean pavos reales, tragopanes, faisanes, gallos bankiva, tórtolas terrícolas, pitas, palomas coronadas y picaflores.

Malasia alberga 193 especies de mamíferos como elefantes, tigres, rinocerontes, osos y panteras nebulosas.

Borneo tiene una rica selva tropical que incluye 380 especies de aves, entre ellas el shama, y 13 especies de primates, como orangutanes y macacos.

Gibón de manos blancas
Los gibones, los monos antropomorfos más pequeños, se desplazan entre los árboles con una agilidad y velocidad asombrosas. Columpiándose con sus largos brazos, avanzan hasta 3 m en un solo movimiento. De las seis especies de gibones, la mayor es el siamang de Malasia y Sumatra, famoso por su sonoro grito.

Ave del paraíso del rey de Sajonia
Esta es una de las 43 fascinantes especies de aves del paraíso, que viven principalmente en las selvas de Nueva Guinea, y algunas en Australia, junto a muchas otras aves multicolores como loros, tórtolas y minivets. De la cabeza del macho cuelgan dos largas plumas que hace subir y bajar en el cortejo. Cuando se acerca una hembra, las agita delante de ella.

Primates
En Australia no hay primates, pero en el sureste de Asia son abundantes. Los más conocidos son el orangután y los gibones, pero también hay pequeños monos como el macaco rhesus, 18 especies de langures y el násico de Borneo.

Zorro volador
Este animal, el mayor de los murciélagos, tiene una envergadura alar de 1,5 m. A diferencia de otros murciélagos, el zorro volador tiene ojos grandes y ve bien, pero no percibe colores, y detecta la fruta que come por el olfato. Durante el día duerme en los árboles, y vuela al anochecer.

Insectos
Junto a incontables pequeños insectos como los termes hay otros muchos de gran tamaño, como los insectos palo, insectos hoja, escarabajos atlas, mariposas luna y ornitópteras.

Ornitóptera
La ornitóptera de la reina Alejandra, de Papua-Nueva Guinea, es la mayor mariposa del mundo, con sus 30 cm de envergadura. Hoy está en peligro, al haber sido muy perseguida por los coleccionistas.

Animales planeadores
Además de los animales que vuelan, las selvas de Australasia albergan una variedad única de planeadores, como las ardillas, serpientes, ranas y gecos (lagartos próximos a la salamanquesa). El más diestro es el caguán, o lémur volador, que planea grandes distancias.

Reptiles y anfibios

En estas selvas viven muchas especies de serpientes, como las venenosas cobras y taipanes, y constrictoras como las pitones negra y reticulada. Hay cientos de especies de lagartos; entre ellos muchos agámidos y varanos, como el varano de Salvador y el dragón de Komodo.

Mamíferos ramoneadores*

El ramoneador más grande es el elefante asiático, pero hoy es muy raro en estado salvaje. También hay varias especies de rinocerontes en diferentes islas de Indonesia, como el de Java y el de Sumatra. Más comunes son los jabalíes, babirusas y tapires.

Anoa (búfalo enano)

El anoa es un diminuto búfalo que apenas alcanza 40 cm de alto en la cruz. Casi no tiene pelo, y le gusta bañarse y revolcarse en el barro. En otro tiempo era común en la isla indonesia de Sulawesi, pero fue muy perseguido por sus cuernos, su piel y su carne. El avance de los terrenos de cultivo ha reducido su hábitat a algunas zonas inaccesibles de selva pantanosa.

Mamíferos herbívoros*

Hay muchos ciervos pequeños, como el diminuto trágulo; ciervos almizclados, muntiacos, o ciervos ladradores, como el indio y el de Birmania, y el sambar. Entre los búfalos y bueyes están el anoa y el banteng. En las selvas australianas viven tres especies de canguros.

Dragón de Komodo

Este enorme lagarto vive en la isla de Komodo y en las islas próximas de Indonesia. Es el mayor de los lagartos vivientes, con 3 m de longitud, y es capaz de cazar ciervos, jabalíes y pequeños búfalos acuáticos. A pesar de su tamaño, es sorprendentemente veloz persiguiendo a sus presas, y puede nadar y trepar a los árboles. Por la noche duerme en un hoyo que cava en el suelo.

Tapir malayo

Tiene una trompa corta y flexible con la que arranca las plantas acuáticas de las que se alimenta. Vive cerca del agua y es un buen nadador. Es una de las cuatro variedades de tapires del planeta, las otras tres viven en Colombia.

Nueva Guinea
De las 80 especies de mamíferos nativos que viven aquí, 44 son exclusivas de esta isla, como el canguro arborícola de Lumholtz.

Selvas de Queensland
Aquí viven muchos marsupiales como canguros arborícolas y zarigüeyas, y también aves como el casuario.

Tupaya

Los tupayas viven en las selvas del sudeste de Asia. Saltan entre los árboles como las ardillas, pero frecuentan el suelo para comer hormigas, arañas y semillas. Su clasificación no está clara: para algunos científicos son insectívoros (como las musarañas) pero para otros son primates.

Pequeños mamíferos

Entre los mamíferos pequeños de la selva de Australia hay marsupiales como el bandicut y el cuscús, y monotremas como el equidna. También viven allí muchos roedores, puercoespines de cola de pincel y tupayas.

Pantera nebulosa de Sumatra

Es uno de los félidos más ágiles escalando. Se cuelga de las ramas solo con las patas traseras y corre por los árboles arriba y abajo como una ardilla. Suele cazar saltando desde un árbol, y mata a sus presas de un mordisco con sus grandes caninos. Caza aves, jabalíes y ciervos pequeños. No ruge, sino que ronronea.

Mamíferos depredadores

Aún hay tigres y leopardos en las selvas del sureste de Asia, Sumatra y Java, pero son muy escasos. También vive allí la pantera nebulosa, de la que quedan unos 10.000 individuos, y es común la pequeña civeta de las palmeras.

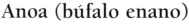

Vivir en la selva

Las selvas tropicales albergan una amplia variedad de animales. En un área de tan solo 100 km² pueden vivir más de 400 especies de aves, 150 de reptiles y anfibios, 125 especies de mamíferos y decenas de miles de insectos distintos. Con esta diversidad de fauna, la interdependencia es muy acusada. Las selvas lluviosas se cuentan entre los hábitats más antiguos y estables que existen y, a lo largo de millones de años, se ha ido desarrollando una compleja red de relaciones alimenticias entre las distintas especies de animales, así como entre los animales y las plantas.

Insectos voladores

Murciélago de cola de vaina

Civeta de las palmeras

Varano acuático

Hormigas

Rata lunar

Banteng

Dhole

Musaraña arborícola

Trágulo

Cadena alimentaria* de la selva tropical de Asia

En la cima de la cadena están los grandes depredadores. Los leopardos y cánidos, como el dhole, o perro rojo de la India, acechan en el suelo. En las ramas bajas hay pequeños félidos, como la pantera nebulosa; vivérridos, como la civeta de las palmeras; y serpientes, como la boa verde. En el dosel viven serpientes voladoras y rapaces, como el azor crestado, el azor variable y el águila culebrera crestada. De cada uno de ellos parte una cadena de especies que se alimentan unas de otras.

Animales del suelo

El dhole caza en manadas animales tan grandes como el banteng y el búfalo asiático, y otras presas menores, como el ciervo ratón. Los pequeños depredadores, como la rata lunar y el varano acuático comen en el suelo sobre todo insectos, como termes y hormigas.

Adaptación a la selva: volar y planear

En las selvas del sureste de Asia, algunos animales arborícolas han desarrollado la capacidad de viajar por el aire, tanto para desplazarse por el dosel como para huir de los depredadores. No son auténticos voladores, pero su piel forma expansiones a modo de alas que les permiten planear de árbol en árbol, o saltar al suelo. Entre ellos están las ranas voladoras del género *Rhacophorus*, que pueden planear 50 m, ardillas voladoras como la de Thomas y la negra, y los gecos del género *Ptychozoon*.

Ardilla voladora

La cola sirve como timón en el aire.

La rana voladora planea con las membranas que unen sus dedos.

Las ardillas voladoras tienen membranas en los costados, entre las patas anteriores y las posteriores.

El geco tiene aletas en sus costados y en las patas.

Rana voladora

Geco volador

Azor crestado   Papamoscas de alas rayadas   Águila culebrera crestada

Boa verde

Musarañas, serpientes y gatos
La boa verde se enrosca sigilosamente en las ramas para acechar a las musarañas arborícolas, trágulos y civetas, a las que asfixia entre sus anillos. Las musarañas se alimentan de insectos y frutos. La civeta de las palmas sale de noche a cazar roedores y lagartos.

Murciélagos y papamoscas
Murciélagos como el de cola de vaina y aves como el papamoscas de alas rayadas cazan insectos al vuelo en el dosel. Los murciélagos cazan de noche, y las aves, de día. Ambos son presa de los azores.

Aves rapaces
En lo alto de las copas cazan las aves rapaces. El azor crestado se lanza sobre pájaros como papamoscas, golondrinas y vencejos. También caza murciélagos, planeando al anochecer junto a las cuevas en las que duermen para atraparlos cuando salen. El águila culebrera crestada come serpientes y otros reptiles, a los que acecha desde una rama antes de abalanzarse sobre ellos.

Tigre de Sumatra

El tigre de Sumatra es el menor de los tigres, con una piel muy oscura y rayas en las patas anteriores. Caza principalmente sambares y otros ciervos, además de jabalíes, pero a veces puede matar crías de rinoceronte. Como todos los tigres, acecha emboscado a su presa, por lo que prefiere vivir en las partes más densas de la selva. Hoy solo quedan unos 400 en libertad, en cinco parques nacionales de Sumatra, y unos 200 en zoos de todo el mundo.

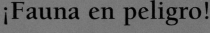

Orangután
El orangután es el mayor de los monos arborícolas. Con los brazos abiertos, puede medir 2 m de una mano a otra. En otro tiempo vivían en el sur de China y el sureste de Asia, pero hoy solo viven unos 12.000 en Borneo y cerca de 7.000 en Sumatra.

Rinoceronte de Java
Este rinoceronte de un solo cuerno es el más raro entre las cinco especies de rinocerontes que existen. Apenas sobreviven 60 ejemplares en dos lugares: Indonesia y Vietnam. El rinoceronte de Sumatra, parecido, es apenas un poco más numeroso.

Pita de Gurney
La pita de Gurney es un pequeño pájaro terrestre de las selvas de Tailandia y Birmania. La destrucción casi total de su hábitat, la selva de llanura, ha llevado a la especie al borde de la extinción. Quedan menos de 25 parejas, que son objeto de un programa de conservación.

Selva de Sumatra

Sumatra, la mayor de las islas de Indonesia, es alargada, estrecha y montañosa. Se extiende a lo largo de casi 2.000 km en el océano Índico. Aunque gran parte de su exuberante selva de llanura ha desaparecido, las montañas todavía están cubiertas por algunas de las selvas lluviosas más espectaculares del mundo. Aquí, entre el húmedo aire tropical y las lluvias monzónicas crece una asombrosa profusión de plantas. Los gigantescos árboles del té, festoneados de trepadoras, se elevan sobre el dosel junto al durian, el sándalo, la teca, el palo de hierro y muchos otros árboles. Entre sus troncos crecen unas 40.000 especies de flores, entre ellas la *Rafflesia*, la flor más grande del mundo, con casi 1 m de ancho, y de olor nauseabundo.

Atardecer en la selva de Sumatra

En lo más alto del espeso dosel de árboles de la selva de Sumatra, el sol poniente tachona de luz las ramas, mientras que mucho más abajo ya reina la penumbra. El agua de la tormenta de la tarde gotea desde las plantas jarro y resbala sobre hojas verde oscuro. A esta hora, la selva comienza a bullir de actividad, cuando los animales vespertinos y nocturnos, como los murciélagos frugívoros, salen a comer.

•

Entre el ramaje, bandadas de loritos arcoiris, cálaos, papamoscas y otras aves multicolores vuelan de un lado a otro en busca de frutos e insectos. Una ardilla voladora planea sin esfuerzo a través del aire húmedo. Una madre orangután acuna a su bebé sentada en una rama, mientras su compañero sale columpiándose en busca de comida. Cerca, un trío de násicos parlotean ruidosamente.

•

Una serpiente pitón reticulada se desliza por una rama en busca de presa, mientras una pantera nebulosa acecha con sigilo un par de trágulos desprevenidos. En el suelo pacen los babirusas, un tipo de jabalíes y, a lo lejos, dos elefantes se bañan en el río.

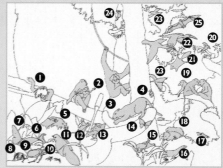

CLAVE

1 Pitón reticulada
2 Familia de orangutanes
3 Pantera nebulosa
4 Lori perezoso
5 Babirusa
6 Cobra real
7 Ornitóptera
8 Araña orbicular
9 Ciervo volante
10 *Rafflesia*
11 Colipavo rojo
12 Gallo bankiva
13 Trágulo
14 Polilla Atlas
15 Casuario
16 Varano
17 Tigre y tapir
18 Elefante indio
19 Násico
20 Lorito arco iris
21 Ardilla voladora
22 Pareja de cálaos
23 Milano de cabeza blanca
24 Tarsero
25 Zorro volador

Selvas de Suramérica

La selva lluviosa del Amazonas es, con diferencia, la mayor extensión continua de selva tropical del mundo, y alberga la mayor variedad de seres vivos que hay en comparación con casi cualquier otro hábitat del mundo. Se conocen en ella decenas de miles de especies, desde hormigas legionarias y minúsculos colibríes hasta escarabajos gigantes y las mayores serpientes del mundo. Aún quedan muchas más por descubrir.

Chocó-Darién
Separada del Amazonas por los Andes, región húmeda tiene una fauna partic que incluye el tamarino de Geoffrey, el tapir de Baird y el tucán barbudo.

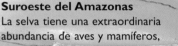

CORDILLERA DE LOS ANDES

OCÉANO PACÍFICO

Río Ama

Suroeste del Amazonas
La selva tiene una extraordinaria abundancia de aves y mamíferos, entre ellos el uacarí rojo, el ocelote, el chigüiro y la nutria gigante.

Mamíferos acuáticos
El río Amazonas tiene una fauna única, que incluye delfines y vacas marinas, o manatíes. Estos se parecen a las focas, pero no están emparentados. Allí también viven roedores como el coipú y el carpincho, el mayor de todos ellos, que alcanza un peso de 80 kg.

Anaconda
La anaconda es una de las serpientes más grandes del mundo, y puede llegar a los 9 m de largo. A pesar de su tamaño, se alimenta de pájaros y mamíferos pequeños. Caza al acecho, ocultándose en las aguas turbias. No es venenosa, sino que mata por constricción, enroscándose sobre su víctima y apretando hasta asfixiarla.

Mono araña lanudo
El mono araña lanudo es el mono más grande del Amazonas, y vive en las copas de los árboles más altos. Puede colgarse de la cola y, suspendido cabeza abajo con las patas extendidas, parece una enorme araña. A diferencia de casi todos los monos, carece de dedo pulgar.

Delfín del Amazonas
El delfín del Amazonas, o boto, es el mayor de los delfines de agua dulce, y alcanza los 2,6 m. Cuando se hace adulto puede adquirir un color rosa, pero suele ser gris azulado, como otros delfines. Su cuello flexible le permite girar la cabeza, algo raro entre los delfines. A menudo nada panza arriba para ver el fondo del río.

Reptiles
La selva amazónica es uno de los hábitats más ricos para los reptiles. No solo hay caimanes y tortugas, como la tortuga del río Arrau y la matamata, sino muchas especies de serpientes, como la boa verde, la serpiente liana y la anaconda.

Rana arborícola venenosa
En las selvas de América Central y del Sur viven muchas especies distintas de ranas arborícolas venenosas. Estas ranitas de vivos colores tienen en su piel un veneno mortal, la batracotoxina, con el que los cazadores nativos envenenan sus flechas. El veneno de la piel de una sola rana bastaría para matar a cien personas.

Anfibios
Aunque las charcas permanentes no abundan, en la selva viven muchos anfibios. Hay ranas en los charcos del suelo, y las ranas arborícolas viven en el agua que recogen las plantas epífitas. En la hojarasca viven sapos, salamandras y cecilias, parecidas a culebrillas sin patas.

Primates
En la selva amazónica hay monos araña, aulladores, titíes, capuchinos, sakis, uacaríes y más de 30 especies de pequeños tamarinos. A diferencia de los monos del resto del mundo, su nariz es ancha y aplastada.

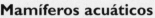

Insectos

Hasta hoy se conocen en la selva del Amazonas un millón de especies de insectos, entre los que hay hormigas, luciérnagas, abejas, cigarras y muchas mariposas de vivos colores.

Escarabajo Acteón

De las incontables especies de escarabajos de la selva amazónica, tal vez el más espectacular es el escarabajo Acteón (*Megasoma acteon*). Es el mayor escarabajo del mundo, con 9 cm de largo y 5 cm de ancho (sin contar las patas), mayor incluso que el escarabajo Goliat africano.

Aves voladoras

En la selva suenan constantemente los cantos de miles de aves: loros, cotorras y guacamayos multicolores, ruidosos caciques, elegantes hoacines y quetzales, relucientes colibríes, tucanes de enorme pico e incontables pájaros pequeños, como los hormigueros y picamaderos.

Selvas del río Negro y río Blanco
En el remoto corazón del Amazonas, sobreviven monos sakis, jaguares y muchos otros animales raros, y puede que incluso el perezoso gigante terrestre sea algo más que un mito.

Aves terrestres

Bajo la densa vegetación de la selva, el suelo ofrece cobijo a una gran variedad de aves terrícolas. Hay 47 especies de martinetas (parecidas a las perdices), espectaculares aves sol, palomas, codornices y chotacabras. Entre las aves acuáticas hay ibis, garzas, cormoranes y espátulas.

Tucán toco

El tucán toco es el mayor de las 41 especies de tucán que existen. Su pico puede medir 20 cm, casi tanto como su cuerpo. No se conoce bien la utilidad de este pico enorme y colorido: puede atraer a su pareja, o usarlo para coger frutos en lugares de difícil acceso. El tucán atrapa un fruto con la punta del pico, y lo lanza hacia la garganta con un giro de su cuello.

Perezoso de tres dedos

Los perezosos son animales herbívoros que viven e incluso duermen colgados panza arriba de los árboles con sus garras ganchudas. Para no ser vistos por sus enemigos se mueven con enorme lentitud, y unas algas* verdes que crecen en su pelaje los ayudan a camuflarse entre la vegetación.

Peces

Hay más de 1.500 especies conocidas de peces, y muchas más están aún por identificar. Hay pirañas, peces hacha que vuelan, bagres, peces cuchillo, arawanas que saltan a los árboles para cazar insectos, y el pirarucú, el mayor pez de río.

Hoco o paují

El hoco, o paují, pertenece a la familia de los crácidos, aves de la selva parecidas a gallinas, que incluye al chachalaca y al guan. El hoco mide casi 1 m de largo. Cría y anida en los árboles, pero pasa mucho tiempo en el suelo buscando frutos, hojas y bayas. Los machos tienen un canto ruidoso con el que atraen a las hembras y desafían a otros machos.

Pequeños mamíferos

Además de ciervos, tapires y pecaríes, parecidos a pequeños jabalíes, entre los mamíferos abundan los roedores, como los agutíes, chigüiros, pacas y puercoespines; una variedad de osos hormigueros y perezosos, el quincayú y muchos murciélagos, algunos son vampiros.

Gimnoto o anguila eléctrica

La anguila eléctrica, emparentada con los peces cuchillo, vive en aguas turbias de la cuenca del Amazonas. Puede producir descargas de hasta 650 voltios, peligrosas incluso para una persona. Gracias a estas descargas detecta objetos bajo el agua, se comunica con sus semejantes y aturde o mata a sus presas.

Mamíferos depredadores

Los grandes depredadores son félidos: jaguares, ocelotes y pumas. Los dos primeros son hoy raros, mientras que los pumas son más comunes cerca de los Andes. Entre los depredadores más pequeños hay coatíes, hurones, nutrias y comadrejas.

Ocelote

El ocelote duerme de día sobre un árbol o entre la espesura, y sale de noche para cazar en el suelo pequeños mamíferos como ciervos y pecaríes. Su presa favorita es el agutí. Los ocelotes han sido muy perseguidos por su hermosa y cotizada piel. Hoy su caza está prohibida, pero es ya una especie muy rara.

Vivir en los árboles

En la selva del Amazonas, la distancia entre las copas de los árboles y el suelo puede ser enorme: a veces, hay más de 50 m. Las hojas y ramas crecen con tal densidad que apenas llega luz al suelo. Arriba, en el dosel*, no hay obstáculos para la luz y la lluvia, y corre la brisa. Mucho más abajo, el aire está quieto y es húmedo, y reina la penumbra. Los factores ambientales son tan distintos que cada nivel o "piso"* de la selva constituye un hábitat* diferente. La diversidad de plantas y animales varía entre un nivel y otro, pues han debido adaptarse a las diferentes condiciones en las que viven.

Adaptación a la selva: plumaje multicolor

Muchas de las aves de más bellos colores del mundo viven en la selva tropical. En el Amazonas viven exóticos cotingas y guacamayos, colibríes que parecen joyas y muchas otras. El plumaje colorido puede servir a las aves para reconocerse en el denso follaje. Los colores especialmente vivos de los machos atraen a las hembras.

El colibrí de pico de espada es una de las 319 especies conocidas de colibríes. El brillo y color excepcionales de estas aves hizo que, en el siglo XIX, los joyeros emplearan sus plumas en sus creaciones.

De todos los loros, los más grandes y coloridos son los guacamayos, como el guacamayo bandera o ara colombiana.

El gallito de roca rojo es la más conocida de las 90 especies de cotingas. El macho es de un color rojo vivo; la hembra es parda. Aunque para los indígenas, *Cotinga* significa "blanqueado" (así llaman al campanero blanco), muchos cotingas tienen un plumaje colorido.

A 20-50 m: el dosel

El dosel es la densa capa verde que forman las copas de los árboles. Está bañado por la luz solar y la lluvia. Muchos animales viven en el dosel, donde abundan los frutos y las semillas. La mayoría pasan aquí toda su vida. Se han adaptado para vivir en las copas de los árboles: unos vuelan, como las aves, los murciélagos y las mariposas; otros planean, como las ardillas, y otros trepan, como los monos, los perezosos, los escarabajos, las hormigas y las arañas.

Suelo de la selva

Algunos mamíferos, como el pudú (un pequeño ciervo) y el pecarí, y aves como el hoco, buscan su alimento en el suelo de la selva, explorando el territorio en vez de trepar o volar. Los mamíferos más pequeños comen insectos y vegetales. Las lombrices, ciempiés, hormigas, cucarachas y otras criaturas viven en la oscura capa de hojas en descomposición que tapiza el suelo de la selva.

Niveles de la selva

En la selva tropical hay cuatro niveles típicos: el suelo; el nivel intermedio, formado por arbustos y matorrales entre los troncos de grandes árboles; el dosel, formado por las copas de estos, y el nivel de los emergentes, o copas de los árboles más altos, que sobresalen del dosel. Esta distribución puede cambiar por factores naturales: si un árbol viejo cae, arrastra consigo a otros unidos a él por las lianas, y deja un claro. Pero en el claro crecen nuevos árboles, y los niveles se restablecen.

Morfo azul (hembra)

Lorito vulturino

Gran jacamar

Vampiro

Hormiga parasol

Hoacín

Migala

Paloma de Ruddy

Pudú

Pecarí de labios blancos

Ave sol

Termes, cucaracha escarabajos, ciempié milpiés, lombrice

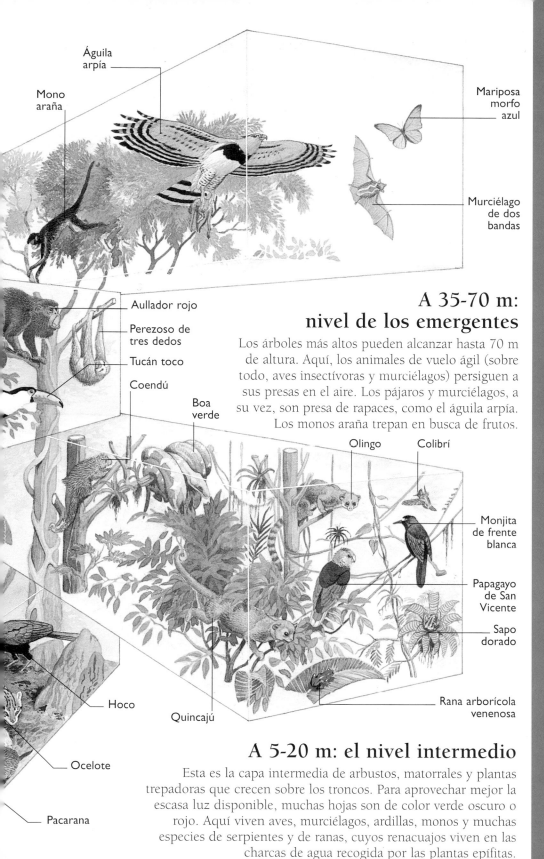

Águila
arpía

Mono
araña

Mariposa
morfo
azul

Murciélago
de dos
bandas

Aullador rojo

Perezoso de
tres dedos

Tucán toco

Coendú

Boa
verde

A 35-70 m:
nivel de los emergentes

Los árboles más altos pueden alcanzar hasta 70 m de altura. Aquí, los animales de vuelo ágil (sobre todo, aves insectívoras y murciélagos) persiguen a sus presas en el aire. Los pájaros y murciélagos, a su vez, son presa de rapaces, como el águila arpía. Los monos araña trepan en busca de frutos.

Olingo

Colibrí

Monjita
de frente
blanca

Papagayo
de San
Vicente

Sapo
dorado

Hoco

Quincajú

Rana arborícola
venenosa

Ocelote

Pacarana

A 5-20 m: el nivel intermedio

Esta es la capa intermedia de arbustos, matorrales y plantas trepadoras que crecen sobre los troncos. Para aprovechar mejor la escasa luz disponible, muchas hojas son de color verde oscuro o rojo. Aquí viven aves, murciélagos, ardillas, monos y muchas especies de serpientes y de ranas, cuyos renacuajos viven en las charcas de agua recogida por las plantas epífitas.

Morfo azul

Las morfo son grandes mariposas que viven en el dosel de la selva, y alcanzan los 17 cm de envergadura. Cuando vuelan al sol, el dorso de sus alas produce destellos azulados, pero la parte inferior de las mismas es parda. Esto los ayuda a camuflarse cuando descansan con las alas plegadas.

¡Fauna en peligro!

Quetzal resplandeciente

Los reyes aztecas se adornaban con las plumas de hasta 60 cm que cubren la cola del quetzal. Esta ave era antes común, pero la agricultura ha hecho escasear los frutos de los que se alimenta. Hoy solo vive en zonas remotas de la selva de Centroamérica.

Pinché común o tití león

Los titíes son pequeños monos que se alimentan de frutos, insectos y ranas. Además de haber visto cómo iba desapareciendo su hábitat selvático, se llevaron muchos titíes a Estados Unidos para realizar investigaciones médicas. El pinché común es uno de los titíes más amenazados del mundo.

Clareo del bosque

Las selvas tropicales desaparecen a un ritmo alarmante y, con ellas, el hábitat de incontables criaturas. Cada año se pierde un área de selva amazónica de 70 mil km^2 promedio, al talar árboles para obtener madera, o para dar paso a los cultivos. Las tierras así ganadas son productivas por poco tiempo, pues los nutrientes de la selva están en los árboles, y no en el suelo.

Selvas de África

Aunque las selvas tropicales africanas cuentan con menos especies que las de América y Asia, son hábitats increíblemente ricos. Entre los árboles gigantes de madera dura de la selva del Congo viven muchos animales; entre ellos, los chimpancés y gorilas, y los micos y otros pequeños monos que usan sus manos y pies prensiles* para moverse ágilmente por las ramas.

Guinea Oriental
Muy reducida en su tamaño, la selva todavía alberga muchos monos, como mangabeys y cercopitecos Diana, y también al hipopótamo pigmeo.

Dzanga Sangha, África Central
Una de las últimas áreas de selva intacta alberga al elefante de la selva, al chimpancé pigméo y al gorila de llanura.

Río Zambeze

Madagascar
Separada del continente africano hace 150 millones de años, esta isla tiene una fauna única, que incluye lémures y ayeayes.

Okapi

Cuando los exploradores europeos lo descubrieron en la selva del Congo en 1901, se pensó que el okapi, de patas rayadas, estaba emparentado con las cebras, pero en realidad es pariente de la jirafa: como esta, el okapi tiene una lengua larga con la que arranca hojas de las ramas, y también la usa para limpiarse los ojos.

Mamíferos ramoneadores
Los animales más grandes de la selva africana son los elefantes y los okapis, que comen hojas de ramas elevadas. Otros ramoneadores más pequeños son los hipopótamos pigmeos y los jabalíes, como el jabalí de río y el cerdo gigante de Kenia.

Esfinge de la adelfa
Las esfinges son polillas muy vistosas, y esta es espectacular. Grande y de vuelo potente, puede situarse inmóvil frente a una flor, como un colibrí, para libar el néctar con su larga espiritrompa.

Insectos
Como ocurre en toda selva, en esta también abundan los insectos, como los escarabajos (por ejemplo, el escarabajo gigante Goliat), hormigas, termes, moscas y cucarachas, y entre estas la cucaracha silbadora de Madagascar, que ahuyenta a sus enemigos con un fuerte silbido.

Pequeños mamíferos
Entre los muchos mamíferos pequeños que viven en la selva africana están los damanes, el puerco espín de cola de pincel y el pangolín arborícola. Este se parece al oso hormiguero, pero tiene el cuerpo cubierto por una armadura de escamas, y vive sobre los árboles.

Musaraña acorazada
Esta musaraña tiene una espina dorsal increíblemente fuerte, reforzada por varillas óseas. Los nativos mangbetu del Congo la llaman "musaraña heroica", pues pueden ponerse de pie sobre ella sin aplastarla. Por lo demás es como otras musarañas, salvo por el hecho de que es muy lenta.

Colobo abisinio

Los ágiles colobos, o guerezas, se alimentan sobre todo de hojas. El colobo abisinio, de pelaje blanco y negro, es una de las nueve especies que existen. Perseguido en otro tiempo por su pelo largo y sedoso, hoy escasea.

Primates
Los monos, reyes de la selva africana, tienen su hogar entre los árboles. Aquí viven tres de los cuatro grandes monos del mundo: el gorila, el chimpancé y el bonobo, o chimpancé pigmeo (el cuarto es el orangután asiático). Entre los monos pequeños hay cercopitecos, mangabeys y colobos.

Aves voladoras

Las selvas tropicales de África albergan docenas de especies de cálaos (aves de enorme pico parecidas al tucán), bandadas de loros e inseparables barbudos, turacos, bulbules, oropéndolas y carracas.

Turaco de cresta roja

Los turacos pasan casi toda su vida en lo alto de los árboles, pero son malos voladores. Más que volar, trepan, saltan y corretean por las ramas con la destreza de una ardilla. El bello plumaje del turaco de cresta roja sigue siendo muy valioso para los jefes de algunas tribus de África.

Aves terrestres

Las aves más grandes de las selvas africanas son aquellas que comen en el suelo semillas, brotes, tubérculos y bayas. La mayor de todas es el espectacular pavo del Congo, aunque el pavo de Guinea y el francolín de cuello rojo también son muy grandes. Menos vistosas son las aves que anidan en el suelo, como el chotacabras.

Pavo del Congo

El pavo del Congo es el único faisán que vive en África, y su descubrimiento en 1936 causó sensación, pues se creía que solo había faisanes en Eurasia. Raro y tímido, recorre el suelo de la selva en pareja o en grupos familiares. Durante el día es silencioso, pero al anochecer, cuando sube a los árboles para dormir, canta ruidosamente.

Reptiles y anfibios

En la selva africana vive la rana Goliat, la más grande del mundo. Mide 30 cm de largo, casi tanto como el antílope real. También hay vistosas ranas, camaleones y lagartos, como el varano del Nilo. Entre las serpientes destacan las pitones y las cobras.

Río Nilo

Ayeaye

El ayeaye de Madagascar es un animal nocturno. El tercer dedo de cada pata es muy largo y delgado, y con él golpea el tronco de los árboles en busca de insectos: los detecta bajo la madera con su sensible oído y luego los extrae con el mismo dedo. Durante el día, el ayeaye descansa en su nido construido entre el ramaje.

Mamíferos herbívoros

Así como los herbívoros de la pradera evitan a sus depredadores corriendo, los de la selva lo hacen ocultándose. Algunos antílopes son muy pequeños y se escabullen en la espesura, como los antílopes enanos y el duiker; otros se camuflan con su pelaje, como el bongo.

Mamba verde

La mamba verde es una serpiente muy larga y delgada que se desliza entre los árboles para cazar lagartos y pájaros. No es tan mortífera como su pariente de la sabana, la mamba negra, pero su veneno también puede ser letal para los humanos. En época de cría, los machos se enroscan entre sí en combates rituales por las hembras.

Pequeños primates: prosimios

Los prosimios, o semimonos, son primates de grandes ojos y larga cola. Como otros primates, tienen manos y pies prensiles para trepar. Los potos, loris y gálagos viven en todas las selvas de África, pero los lémures, ayeayes e indris viven solo en Madagascar.

Antílope enano real

El antílope enano real de las selvas de África occidental es el más pequeño de los rumiantes: mide menos de 30 cm de alto, y sus patas son tan finas como lápices. Es muy tímido, y desaparece en cuanto es detectado. Puede saltar hasta 3 m. En el folclor local es famoso por su rapidez y su sagacidad.

Nandinia

Las civetas, parientes de la gineta europea, son pequeños carnívoros con aspecto de gatos, pero de patas más cortas, cola más larga y peluda, y además tienen el hocico puntiagudo. Marcan su territorio y atraen a su pareja con una secreción olorosa que contiene almizcle*. La civeta africana, o nandinia, es nocturna y caza en el dosel insectos, lagartos y pequeños mamíferos.

Mamíferos depredadores

Sobre los árboles, el mayor depredador es el águila real, y entre las ramas, la serpiente pitón. Pero en el suelo, los principales cazadores son los mamíferos. El leopardo caza antílopes y monos, y las civetas capturan animales más pequeños.

Por los árboles

Moverse por las ramas muy por encima del suelo no es lo mismo que caminar por la tierra. Por ello, muchos animales de la selva han desarrollado técnicas para lo que los zoólogos llaman "locomoción arbórea"; es decir, saltar, escalar, columpiarse y planear por los árboles. Las ranas arborícolas tienen almohadillas en sus dedos para poder trepar por las ramas. Los pájaros carpinteros y los trepadores tienen pies con garras y una cola rígida para apoyarse en los troncos. Las ardillas y otros mamíferos también trepan con ayuda de sus garras. Pero los mejores escaladores son los monos, que trepan, saltan y se columpian con una asombrosa agilidad.

Gorila

El gorila es el mayor de los primates, con 2 m de altura y hasta 230 kg de peso. A pesar de su aspecto feroz, es un animal tímido y tranquilo que solo come hojas y brotes. Los machos se dan golpes en el pecho para amedrentar a los intrusos. Los largos brazos de los gorilas les permiten columpiarse, pero no suelen hacerlo: en vez de ello, permanecen en el suelo y caminan a cuatro patas, apoyando los nudillos de las manos. Por la noche duermen en los árboles para protegerse de los leopardos.

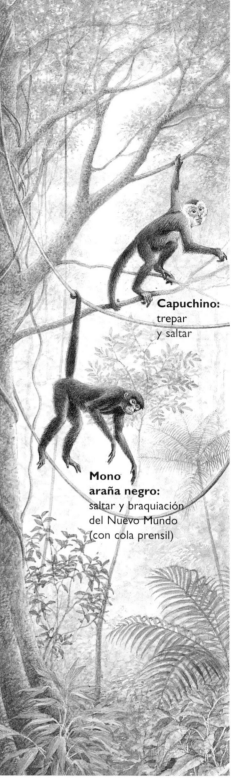

Capuchino: trepar y saltar

Mono araña negro: saltar y braquiación del Nuevo Mundo (con cola prensil)

Suramérica
Todos los monos pequeños trepan con pies y manos. Esta forma de moverse se llama cuadrupedalismo, y la usan los capuchinos y muchos otros monos americanos como los sakis, titíes y tamarinos, que saltan, trepan y corren entre el ramaje con asombrosa agilidad. Algunos monos de América (el Nuevo Mundo), como los monos araña y los aulladores, tienen un quinto miembro del que carecen los monos de Asia y África (el Viejo Mundo): la cola prensil*. Esta les permite gozar de un agarre adicional mientras se columpian con los brazos, una técnica llamada "semibraquiación del Nuevo Mundo".

Adaptación a la selva: manos para agarrar

Todos los primates están adaptados a vivir en los árboles, y casi todos tienen manos y pies capaces de asir, excepto los humanos, cuyos pies no pueden hacerlo, y los tupayas, que no pueden agarrar con las manos. Los monos americanos tienen un pulgar corto y parelelo a los otros dedos. Pero los monos de África y Asia tienen el pulgar oponible, es decir, que puede girar en dirección casi opuesta a los demás dedos para formar una pinza con ellos. Con esta manera precisa de sujetar, algunos primates usan herramientas, como palos o piedras, con gran eficacia para obtener comida. En el ser humano, el pulgar oponible está muy desarrollado.

Mono del Nuevo Mundo con pulgar corto

Mono araña

Pulgar oponible corto para columpiarse

Gibón

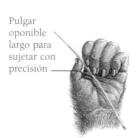

Pulgar oponible largo para sujetar con precisión

Gorila

Pulgar oponible corto para caminar sobre las palmas

Macaco

Gálago:
saltar

Mangabey:
trepar
y saltar

Guereza:
saltar y
braquiación
del Viejo
Mundo

Chimpancé:
braquiación del
Viejo Mundo,
correr

Mandril:
cuadrupedalismo
en el suelo

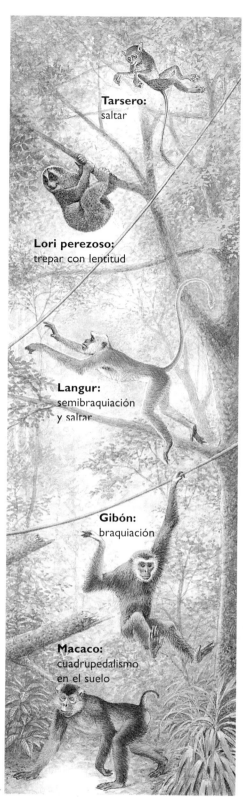

Tarsero:
saltar

Lori perezoso:
trepar con lentitud

Langur:
semibraquiación
y saltar

Gibón:
braquiación

Macaco:
cuadrupedalismo
en el suelo

África

Como los monos americanos, los de África se mueven a cuatro patas, bien trepando o, como los mandriles, caminando por el suelo. Algunos, como el mangabey, son trepadores lentos, pero la mayoría de los monos africanos son más ágiles que los del Nuevo Mundo. El guereza es un gran saltador y, como otros monos, se columpia con los brazos ("braquiación del Viejo Mundo"). Los prosimios, como los gálagos, trepan por troncos verticales y también saltan. El chimpancé tiene brazos largos para columpiarse (braquiación), pero no trepa muy alto. Los gorilas rara vez trepan, y caminan apoyándose en los nudillos.

Asia

Los monos pequeños de Asia se mueven a cuatro patas, como los de América y África. Algunos, como los macacos, corren por el suelo y rara vez suben a los árboles. Otros, como los langures, se desplazan fácilmente entre los árboles utilizando la cola para guardar el equilibrio, y dan saltos de hasta 10 m. Los monos antropomorfos de Asia, el gibón y el orangután, son braquiadores. Mientras el orangután se columpia sólo cuando es joven y trepa lentamente cuando es mayor, el gibón se desplaza siempre así con gran maestría. Los prosimios trepan y saltan; unos son lentos, como los loris, y otros muy rápidos, como los tarseros.

¡Fauna en peligro!

Hipopótamo pigmeo

El hipopótamo pigmeo tiene la mitad del tamaño de un cerdo grande. Vive en las selvas del oeste de África y pasa menos tiempo en el agua que su pariente mayor. Su caza está prohibida, pero los cazadores furtivos lo matan por su carne, y solo quedan unos miles.

Chimpancés en peligro

Vivarachos e inteligentes, los chimpancés son nuestros parientes más próximos. En África viven unos 100.000 en estado salvaje, pero su número disminuye, pues su hábitat desaparece. También es objeto de caza para obtener su carne y para realizar investigaciones médicas.

Caza mayor

En el pasado, los cazadores iban a África en busca de grandes trofeos como leones y rinocerontes. Esta práctica hoy está prohibida, pero la caza comercial para obtener marfil o pieles es difícil de controlar y aún amenaza a muchas especies con la extinción.

Desiertos

Más de una quinta parte de las tierras emergidas del mundo son desiertos. En ellos no llueve casi nunca. Hay desiertos en todos los continentes, excepto en Europa. Estas inmensas extensiones de tierra desnuda tienen nombres evocadores: Gobi, Sahara, Kalahari, Mojave, Atacama…

•

Las regiones polares se consideran desiertos, pues son demasiado frías para que llueva. Sin embargo, los mayores desiertos están en las zonas subtropicales, donde el aire permanece quieto. El cielo sin nubes permite que el sol abrase la tierra durante el día, y que la temperatura caiga drásticamente por la noche. Sin una vegetación que lo frene, el viento barre el desierto, arrastrando arena y polvo y secando la tierra.

•

En las fotos satelitales, los desiertos son como grandes heridas pardas y amarillas sin vida entre el verdor de los continentes. Aún vistos de cerca, parecen yermos. Pero esta esterilidad es solo aparente: una asombrosa variedad de plantas y animales sobrevive aquí, gracias a unos increíbles trucos que les permiten seguir con vida en condiciones extremas.

Los desiertos...

La Gran Cuenca
Desierto de Sonora
Sahara
Gobi
Desierto de Thar
Trópico de Cáncer
Ecuador
Desierto de Atacama
Desierto de Namib
Gran Desierto de Arena
Trópico de Capricornio
Gran Desierto de Victoria
Desierto de Simpson

... y sus diferencias

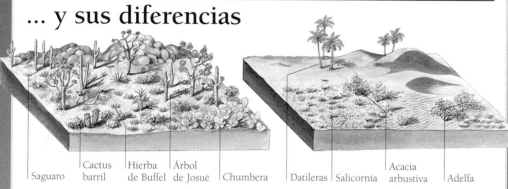

Saguaro | Cactus barril | Hierba de Buffel | Árbol de Josué | Chumbera | Datileras | Salicornia | Acacia arbustiva | Adelfa

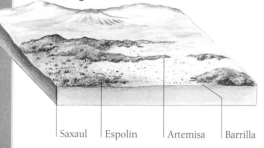

Saxaul | Espolín | Artemisa | Barrilla

Norteamérica

Los desiertos norteamericanos se caracterizan por las vastas llanuras y los altos acantilados. En la Gran Cuenca domina el matorral de artemisa. Hacia el sur, el árbol de Josué y otros espinos salpican el desierto de Mojave. Más al sur, en Sonora, se alzan cactus gigantes, como el saguaro.

África

Los paisajes del Sahara varían desde *hamadas* rocosas hasta mares de dunas, o ergs. Hace tanto calor que hay inmensas zonas áridas, y las plantas, como las datileras, solo crecen junto a los oasis. El Namib tiene las mayores dunas del mundo, de hasta 400 m de altura.

Asia

El desierto de Gobi es cálido en verano, pero en invierno nada lo protege del viento helado que sopla desde Siberia, al norte. La vegetación florece brevemente tras las lluvias primaverales, y sobrevive hasta el comienzo del verano, cuando el calor la reseca. Predominan los matorrales de saxaul, y las hierbas rastreras como la artemisa y la barrilla, o la planta de la sosa.

Los ambientes

No todos los desiertos son iguales; los más secos reciben menos de 100 mm de lluvia al año. Las zonas donde llueve menos de 600 mm al año se denominan semiáridas. En los desiertos cálidos, la lluvia cae en tormentas copiosas pero breves, y el agua corre rápidamente en avenidas o se evapora en el aire.

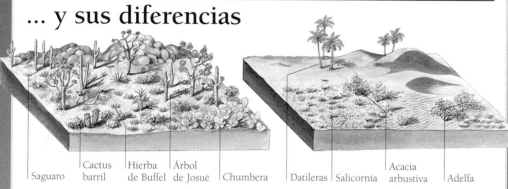

Sol abrasador

Todos los desiertos son secos. Algunos son muy calurosos, y la temperatura diurna alcanza los 50 °C, aunque las noches son frías. Este gráfico muestra las temperaturas medias en Salah, Argelia.

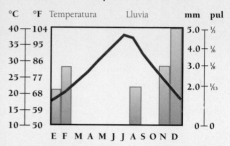

Oasis

Aunque en la superficie apenas llueva, los desiertos suelen tener agua bajo tierra. El agua puede venir desde lejos por medio de corrientes subterráneas, o puede haberse ido acumulando con lluvias antiguas. Los oasis se forman donde el agua subterránea aflora a la superficie.

Floración del desierto

Muchas plantas y semillas del desierto permanecen aletargadas durante meses o años, y reviven cuando llueve. A veces germinan y florecen en cuestión de horas, y vuelven a secarse nada más para producir nuevas semillas.

Desiertos de África

En África hay tres grandes desiertos: los de Namib y Kalahari, al sur, y el inmenso Sahara, que cubre la mayor parte del norte del continente. Este, además de ser el desierto más grande del mundo, es también el más caluroso. La ausencia de agua es total en áreas muy extensas, pero aun así sobreviven muchas criaturas: lagartos y serpientes de dura piel, roedores, cabras, gacelas e innumerables insectos.

Desierto costero de Namib
Las grandes dunas de arena que cubren el sur del desierto de Namib parecen vacías, pero hay escarabajos, arañas e incluso un antílope, el antidorcas. Bajo la superficie viven topos dorados.

Zambesi

Desierto de Kalahari
Aunque es un desierto, en el Kalahari abunda la vegetación y viven muchos animales grandes, como los antílopes beisa, las cebras y los guepardos.

Dromedario

Adaptados al clima del desierto, dejan que su sangre se caliente durante el día y se enfríe por la noche. El pelo los protege del sol. Pueden beber de una sola vez hasta un tercio de su peso en agua; así resisten varios días sin beber más. En la joroba almacenan grasa: su reserva de alimento.

Mamíferos ramoneadores*
Los animales más grandes del desierto son, con diferencia, los camellos, que sobreviven una semana sin agua y aun más tiempo sin comer. En las estribaciones del desierto, los papiones como el anubis y el hamadrías hallan semillas, raíces y bulbos para vivir.

Tenebriónido

Entre los escarabajos más abundantes del desierto de Namib se encuentran los tenebriónidos. Cuando viene la niebla desde el mar, inclinan la cabeza hacia el suelo para que la humedad que se condensa en su cuerpo resbale hasta su boca. Algunos son blancos, lo que les ayuda a reflejar la luz del sol.

Pequeños mamíferos
Los mamíferos de tamaño mediano no resisten bien el calor del desierto, pero los pequeños cavan madrigueras y se protegen a su sombra. En el Sahara hay 40 especies de roedores, como gerbiles, ratones, jerbos y liebres. También hay erizos y damanes.

Jerbillo de cola gruesa

Como muchos roedores del desierto, este jerbillo evita el calor descansando en una madriguera, y sale por la noche para comer semillas y larvas* de insectos. Se llama así por su cola rechoncha, en la que almacena grasa. Si el alimento abunda, la cola puede hincharse tanto que al jerbillo le cuesta arrastrarla. Al escasear la comida, la grasa se consume y la cola adelgaza.

Azor cantor pálido

Este pequeño azor se ve a menudo en el desierto del Namib posado sobre un árbol, o incluso caminando por el suelo, y se parece mucho al secretario. De hecho, es de hábitos más terrestres que cualquier otro azor (tal vez para ahorrar energía) y suele correr a gran velocidad tras sus presas: lagartos e insectos.

Insectos
El caparazón impermeable de los insectos y arañas les permite vivir en el Sahara. Hay insectos voladores (moscas, avispas y langostas); otros que no vuelan (hormigas, termes y escarabajos); arañas, como la licosa y los saltícidos, y muchos escorpiones.

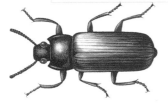

Aves rapaces
Las aves recorren grandes distancias en busca de alimento y agua, y tienen una temperatura corporal mayor que la de los mamíferos. En el Sahara viven muchas aves. Entre las grandes rapaces están el buitre de cara negra, el halcón borní y el halcón pigmeo.

Sahara

En el desierto más grande del mundo se mezclan *hamadas* (mesetas rocosas), *regs* (sedimentos y grava) y *ergs* (mares de arena).

MAR MEDITERRÁNEO

RÍO NILO

MAR ROJO

Mamíferos depredadores

En el desierto escasea el alimento vegetal, pero hay otros animales para comer. En el Sahara hay muchos depredadores de tamaño mediano: cánidos como el chacal y el fenec, félidos como el caracal y el serval, y hienas, que forman una familia aparte.

Desierto de Arabia

Aunque las partidas de caza motorizadas han diezmado muchos de los grandes animales, aún sobreviven algunos antílopes ádax y muchos roedores y lagartos.

Hiena rayada

A diferencia de su prima mayor, la hiena manchada, esta hiena es solitaria y no caza en grupo. Solo vive en parejas en la época de apareamiento. Suele comer carroña*, como los restos de caza de los félidos, pero también mata ovejas, pequeños mamíferos y reptiles.

Mamíferos herbívoros

Sorprendentemente, en el Sahara viven muchos mamíferos que comen hierba. Las cebras de Grevy habitan en el borde del desierto, y en las zonas montañosas hay ovejas, cabras, muflones y asnos. En el corazón del desierto viven el ádax, el órix, la gacela dorcas y la gacela dama.

Antidorcas o gacela de Thompson

El desierto de Namib, en el sur de África, tiene su propia variedad de herbívoros. Aunque llueve muy poco, el aire contiene humedad procedente de las nieblas costeras, y crece bastante hierba para alimentar a las cebras y los antílopes, como el beira y el antidorcas. Este pequeño antílope, de 76 cm de altura, es capaz de dar saltos verticales de hasta 3,5 m al alarmarse.

Corredor

Los corredores, junto a las canasteras, viven en las playas y desiertos de África, sur de Eurasia y Australia. Aunque vuelan bien, es más fácil verlos correr por el suelo tras un insecto, o descansando entre súbitas carreras. El corredor común de África, en la imagen, suele visitar las costas europeas.

Reptiles y anfibios

Los reptiles están bien adaptados para vivir en el desierto. Su piel es dura e impermeable, y calientan su cuerpo con el sol. En el Sahara hay más de 100 especies, entre ellas, lagartos como el varano del desierto, gacos y eslizones, además de serpientes y tortugas.

Aves voladoras

En otoño, muchos pájaros como los mosquiteros, las golondrinas y los aviones viajan desde Europa hacia el sur cruzando el Sahara, para luego regresar en primavera. Algunos, como el collalba, se quedan en invierno; otros, como el gorrión chillón y el tejedor, viven aquí todo el año.

Ortega

El abastecimiento de agua tiene un papel primordial en la vida de la ortega. Duerme en bandadas sobre el suelo, y al amanecer parte hacia una laguna que puede estar muy lejos. En época de cría, se empapa las plumas del pecho para que sus pollos puedan beber cuando regrese al nido.

Ágama de cabeza de sapo

Los ágamas son un gran grupo de lagartos con los dientes delanteros en forma de cincel. Esta especie tiene una cabeza redondeada que recuerda la de un sapo. Como muchos animales del desierto, durante el día se protege en una madriguera, o enterrándose en la arena. Cuando se alarma, levanta la cola y la enrolla en espiral.

Aves terrestres

Con poca vegetación, las aves terrestres tienen ventaja sobre las arborícolas. Los avestruces y las pintadas viven en los bordes del desierto; las avutardas y hubaras se adentran más. Como otros animales del desierto, casi toda el agua que consumen procede de lo que comen.

Vivir en el desierto

Vivir en el Sahara es como vivir al límite. Los animales que viven aquí han de ser capaces de enfrentarse no solo a un calor extremo y a la falta de agua, sino también a la escasez de comida. Los herbívoros suelen recorrer grandes distancias para encontrar las plantas que les sirven de alimento, que suelen escasear durante largos períodos. Los depredadores no encuentran fácilmente a sus presas, y los grandes cazadores pueden pasar semanas sin una captura.

Caracal
El veloz caracal es el mayor félido del desierto, y al anochecer caza reptiles, aves como la ortega y mamíferos como el beira.

Rata obesa de arena
La rata obesa de arena es un jerbillo que se alimenta de semillas. La capa grasa que rodea todo su cuerpo es su única fuente de energía cuando no encuentra comida.

Cobra escupidora
Viven cerca de los oasis, donde buscan a sus presas por la noche. Cazan roedores, lagartos y pequeñas aves, a las que matan con sus colmillos venenosos.

Hormigas
Las hormigas ganaderas ordeñan a los pulgones y cochinillas con sus antenas, para obtener el líquido azucarado que estos insectos segregan.

Red alimentaria*

La reducida variedad de animales del desierto hace que las redes alimentarias sean aquí mucho más simples que en otras partes. Más aún, mientras que en otros hábitats muchas especies pueden tener una alimentación similar y ocupar lugares análogos en la red, en el desierto cada tipo de alimento sostiene, por lo general, a una sola especie. En tiempos de escasez, los grandes depredadores no pueden permitirse elegir presa.

Hormiga león
La larva de esta hormiga cava un hoyo en forma de embudo y se entierra en el fondo; dejando solo la mandíbula al descubierto. Cuando un insecto se acerca, le arroja arena para hacerlo caer.

Ganga común
La ganga, pariente de la ortega, explora amplias zonas en busca de semillas.

Adaptación al desierto: caminar sobre la arena

Marchar por la arena blanda y caliente no es fácil, y muchos de los mamíferos del desierto han adaptado las pezuñas a este particular hábitat*. Los félidos como el serval tienen almohadillas de pelo en la planta para protegerse del calor. Las pezuñas del ádax son más grandes de lo normal para evitar hundirse en la arena. Las del camello son muy anchas y tienen almohadillas.

Ádax
Las pezuñas anchas reparten el peso del ádax sobre una gran superficie.

Camello bactriano
El pelo hirsuto del camello lo protege de la nieve y de la arena.

Dromedario o camello árabe
El pelo espeso del dromedario lo protege del calor.

Gato dorado africano
Este gato parece un gran gato doméstico. Por la noche caza roedores, lagartos e insectos, y de día se refugia en una cueva.

Halcón borní
Para cazar, el halcón borní suele estar al acecho posado en árboles secos junto a las pozas. También es capaz de lanzarse sobre su presa desde alturas de hasta 500 m. Suele cazar pájaros al vuelo; si no los encuentra, come lagartos y ratones.

Beira
El antílope beira come hierba y hojas de arbustos que crecen en colinas pedregosas, como la mimosa.

Lagarto de cola de muelle
Los pequeños lagartos como este obtienen agua de los insectos que comen.

Lagarto de las palmeras
Esta es una de las especies de lagarto de cola espinosa del Sahara, o *Uromastix*. Se alimenta de pequeños mamíferos y huevos.

¡Fauna en peligro!

Ibis eremita
El ibis eremita está al borde de la extinción, por razones que no se entienden del todo. Quedan menos de 50 aves en Argelia y Marruecos. Su primo, el ibis sagrado, adorado y momificado en el antiguo Egipto, ha desaparecido hoy de toda África.

Gacela dama
En otros tiempos, esta gacela abundaba en el Sahara, pero los cazadores dieron muerte a decenas de miles de ellas. Además, los bordes herbáceos del desierto en los que se alimenta en la temporada más seca del año están siendo esquilmados por el ganado.

Desertización
En los últimos 50 años, el Sahara se ha extendido hacia el sur y ha ganado unos 650.000 km². Ello se debe en parte a los cambios climáticos, pero también a la sobreexplotación del pasto del borde del desierto por efecto del ganado, la tala de árboles para leña y la extracción de agua subterránea para los cultivos.

Lagartos del desierto

Los lagartos están bien dotados para enfrentarse a las condiciones del desierto. Tienen una gruesa piel que reduce al mínimo la evaporación de humedad. El calor del sol, difícil de soportar para los mamíferos, da energía a los reptiles para cazar, mientras que el frío de la noche los deja entumecidos. A veces, el sol del Sahara es demasiado fuerte hasta para los lagartos, que han de buscar la sombra.

El Sahara

El desierto del Sahara se extiende unos 5.000 km a lo ancho de África, desde el mar Rojo hasta el Atlántico, y ocupa unos 8,6 millones de km², una extensión parecida a la de Estados Unidos. En su mayor parte es una llanura de grava y polvo, llamada *reg* por los nómadas beduinos que viven allí. Solo en algunos lugares la llanura está interrumpida por montañas (*hamada*) y vastos mares de dunas arenosas (*erg*). A veces, en el corazón del desierto pasa un año entero sin llover, y el sol cae con tal ferocidad que la temperatura ronda los 50 °C. Por la noche la temperatura cae bruscamente, lo que permite que muchos animales salgan en busca de alimento y agua. Pueden hallarse oasis allí donde el agua subterránea aflora a la superficie. En ellos crecen palmeras y otras plantas y los animales aprovechan para beber el agua.

Un atardecer en el oasis

Al oeste, el sol se hunde en el horizonte en una llamarada violeta y anaranjada, dando fin a otro abrasador día en el Sahara. La temperatura ya ha comenzado a descender en las zonas más sombreadas, y los animales que han permanecido ocultos en el calor del día empiezan a aventurarse al exterior en busca de agua y comida.

•

En el borde de la laguna, una cauta gacela dorcas lame el agua aliviada tras una marcha larga y calurosa. Una pequeña bandada de chorlitos egipcios vadean la orilla, y muy cerca un par de pintadas de casco picotean las semillas. El zumbido del aire delata la presencia de enjambres de avispas y mosquitos.

•

Cerca de la laguna, un erizo del desierto, de largas orejas, come hormigas mientras un fenec asoma de su madriguera dispuesto a cazar. Un lagarto de dedos palmeados corre sobre la arena aún caliente, extendiendo la orla de escamas de sus pies para no hundirse en la arena mientras mantiene el cuerpo alzado para evitar la ardiente superficie arenosa.

•

Más lejos, los órix y ádax comen la abundante vegetación, mientras los dromedarios, saciados el hambre y la sed, vagan por las dunas.

CLAVE

1 Erizo del desierto
2 Escarabajo dominó
3 Ganga común
4 Ádax
5 Escinco
6 Gacela dorcas
7 Chorlito egipcio
8 Pintada
9 Gundi
10 Ratón espinoso
11 Víbora de sierra
12 Araña escupidora
13 Lagarto de dedos palmeados
14 Fenec
15 Escorpión
16 Órix
17 Mosquito
18 Buitre orejudo
19 Camello árabe o dromedario

Desiertos de Asia

El desierto de Gobi, en Asia, es uno de los lugares más aislados del mundo. Es una vasta extensión barrida por el viento que cruza desde el sur de Mongolia hasta el interior de China. A diferencia del Sahara, el clima del Gobi pasa de temperaturas propias de un verano abrasador, con más de 45 °C, a las de gélidos inviernos, con 40 °C bajo cero. Estas duras condiciones hacen que en él solo se refugien animales especialmente resistentes, como el camello bactriano.

Desiertos del sur

Aquí se dan los veranos más abrasadores y los inviernos más gélidos, pero viven jerbos, reptiles como el enorme varano gris, y también el raro guepardo del desierto.

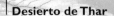

CORDILLERA DEL CÁUCASO

Takla Makha
Esta meseta gig y de gran altitu es el mayor de de arena de As

Desierto de Thar

En el Thar viven no solo el zorro del desierto y el caracal, sino grandes herbívoros como el chinkara y el antílope indio, además de muchos roedores y 141 especies de aves, como la rara avutarda india.

Oso del Gobi

El oso del Gobi (*Ursus arctos pruinosus*) es el único oso del mundo que vive en el desierto. Vive en el suroeste de Mongolia, donde recibe el nombre de *mazaalai*. Es una subespecie del oso pardo, el mismo que vive en España, pero se ha adaptado a las áridas condiciones del Gobi. Hoy escasea y está cerca de la extinción. Solo quedan 30 ejemplares de este animal.

Ágama de Mongolia

El ágama de Mongolia es uno de los más de 300 lagartos de cuerpo rechoncho de la familia de los agámidos. Casi todos ellos tienen cola delgada, patas largas y cabeza triangular con dientes en forma de cincel. Como otros agámidos del desierto, el de Mongolia es excavador, y pasa el frío invierno aletargado en un hoyo profundo.

Reptiles

Muchos reptiles soportan el ambiente hostil del Gobi enterrándose bajo la superficie. Hay tortugas, gecos y lagartos, como el gran varano gris y el corredor del Gobi. Estos suelen ser presa de serpientes, como la víbora lebetina y la boa de arena tatar.

Aguilucho papialbo

El esbelto aguilucho papialbo es una rapaz de largas alas que anida en el suelo o en los arbustos. Vuela a baja altura para cazar pájaros, lagartos y pequeños mamíferos como gerbos. Para escapar del frío invierno del Gobi, los aguiluchos migran a India en otoño.

Insectos

El ambiente hostil del Gobi hace la vida difícil incluso a los insectos y otros invertebrados*. A pesar de ello, allí viven muchas especies de insectos como hormigas, escarabajos, abejas y tijeretas; arácnidos, como escorpiones y arañas; cochinillas y ciempiés.

Araña de tapadera

Algunas arañas de tapadera, como la *Brachyteles*, resisten la sequedad del desierto porque viven en madrigueras, y solo están activas por la noche. Esta araña teje un embudo de tela en la boca de su madriguera. Los hilos de seda que parten de la entrada le advierten de la presencia de alguna presa.

Mamíferos depredadores

En el Gobi hubo antaño dos grandes depredadores, el oso del Gobi y el leopardo de las nieves, que a veces bajaba de las montañas del Tíbet. Hoy son muy raros, y el principal cazador es el turón marmóreo, que caza lagartos y pequeños mamíferos de noche.

Aves rapaces

En verano, varias aves de presa visitan el Gobi, entre ellas el águila real y el águila imperial. Durante todo el año viven allí rapaces carroñeras, como el quebrantahuesos y el enorme buitre negro, con sus 3 m de envergadura.

Desierto de Gobi
Con más de 1,3 millones de km², el Gobi es una vasta extensión de cauces secos y pedregosos de antiguos ríos, donde viven muchos lagartos, roedores y el raro camello bactriano.

Aves voladoras
En verano, muchos pájaros visitan los desiertos de Asia y las secas estepas que los rodean. Hay collalbas, currucas y alondras del desierto, y zarapitos. Otras aves, como el acentor de Koslov y el gorrión de la artemisa, habitan allí casi todo el año

Alondra del desierto
Este pájaro vive en los cálidos desiertos del suroeste de Asia e India y en el Sahara. Anida entre rocas y matas de hierba. Su plumaje lo camufla entre la arena, algo vital en un hábitat que apenas ofrece escondites. Hay una variedad clara que vive en zonas de arena blanca, y otra oscura en las regiones de arena negruzca.

Pequeños mamíferos
Los pequeños mamíferos soportan las temperaturas extremas ocultándose bajo tierra. Así evitan el calor en verano y el frío en invierno. En el Gobi viven muchas especies de jerbos, como el de orejas largas y el de Mongolia, junto a varias especies de hámsters y erizos.

Aves terrestres
Las plantas que nacen en primavera en los desiertos de Asia Central producen bastantes semillas para alimentar a una variedad de aves terrestres, como la hubara (una avutarda), los arrendajos terrestres de Henderson y de Pander, y varias especies de gangas.

Erizo del desierto
Los erizos combaten el calor cavando pequeñas madrigueras en las que se refugian durante el día. De noche, cuando refresca, salen en busca de animalillos, como escorpiones, y huevos de aves que anidan en el suelo. Este erizo vive en los desiertos del suroeste de Asia. El erizo de orejas largas vive en el desierto de Gobi.

Ganga de Pallas
Como otras gangas, el macho de esta especie lleva agua a sus pollos desde pozos lejanos empapando las plumas de su pecho, que son muy esponjosas. En el pasado, los inviernos muy severos hacían migrar a la ganga de Pallas hacia el oeste, hasta Europa, en enormes bandadas. Hoy, quizá al haber disminuido el número de gangas, estas migraciones han cesado.

Hemión (asno salvaje)
Hay cinco subespecies de hemiones, u onagros, que viven en el centro y sur de Asia. Son el propio onagro (de Persia), el jigatai o kulán (de Mongolia), el kiang, el khur (de India) y el ashdari (el asno de Siria, probablemente extinto). En el Gobi vive el jigatai. Las hembras y sus pollinos viven en manadas con un macho; los otros machos viven en grupos de "solteros".

Mamíferos herbívoros
En verano, algunas zonas del Gobi se vuelven verdes brevemente, y los herbívoros acuden a ellas desde las estepas circundantes. Además del caballo de Przewalski y el jigatai hay muflones, gacelas (como la de bocio y la de Mongolia), y antílopes como el saiga.

Ramoneadores
En el Gobi no hay oasis, y el camello bactriano es el único ramoncador capaz de digerir la rala vegetación y soportar las extremas condiciones. El camello se desplaza continuamente en busca de hierba, hojas y ramas delgadas para comer.

Camello bactriano
A diferencia del dromedario de África y Arabia, el camello bactriano tiene dos jorobas y un pelaje hirsuto para soportar los inviernos del Gobi. Se domesticó hace ya 4.000 años, y se llegó a creer que todos los camellos bactrianos libres descendían de animales domésticos. Pero a finales del siglo XIX se encontraron algunos camellos realmente salvajes en el centro de Asia.

Espacios abiertos

Los desiertos y las estepas secas de Asia Central son algunos de los escasos lugares del mundo donde hay caballos salvajes. Estos son los únicos descendientes vivos de los primeros équidos, que aparecieron hace 50 millones de años. El clima era entonces más húmedo, y los caballos eran pequeños animales selváticos. Al cambiar el clima y hacerse más seco y reducirse la extensión de las selvas, aparecieron caballos mayores que podían vivir en praderas secas e incluso en el desierto.

Evolución del caballo

La familia del caballo existe desde hace 50 millones de años, con el *Hiracotherium*, cuyos fósiles* se han encontrado en Europa y Norteamérica. Desde entonces las especies han crecido, han alargado las patas y el hocico, han desarrollado pezuñas en vez de dedos y han cambiado su dieta de ramoneador a la de los herbívoros. Su evolución no fue continua. En este gráfico veremos algunas etapas y ramas.

Anctitherium
25-5 m. a.
Rama lateral del *Mesohippus*, vivió hasta hace 5 m. a. en China. Se alimentaba de hojas en selvas húmedas.

Miohippus
36-24 m. a.
Con el *Miohippus*, el camino evolutivo del caballo comenzó a ramificarse. Era algo más grande que el *Mesohippus*.

Merychippus
17-11 m. a.
Este fue el primer herbívoro auténtico, con un largo cuello para alcanzar el suelo y pezuñas para correr por la hierba.

Hyracotherium
54-38 m. a. (millones de años en el pasado)
También llamado *Eohippus*, que significa caballo del amanecer, este era un animal de la selva que comía hojas tiernas y frutos. Con unos 20 cm de alto, era del tamaño de un perrito y, más que galopar, correteaba.

Mesohippus
40-32 m. a.
El *Mesohippus* apareció cuando las grandes zonas boscosas se convirtieron en matorrales. Era mayor que su ancestro (unos 60 cm de alto) y podía trotar y correr.

Parahippus
24-17 m. a.
Más grande (hasta 1 m de alto) y más veloz, tenía dientes mejor adaptados para comer hierba. El abandono de la selva había comenzado.

Hipparion
15-2 m. a.
Esta fue una de las muchas ramas del caballo que pastaba hierba que logró sobrevivir. Vivió mucho tiempo en África.

Pliohippus
12-5 m. a.
Un primitivo caballo con pezuñas, se pensó que era el antecesor directo del actual caballo europeo.

Adaptación al desierto: roedores

Pocos mamíferos de tamaño medio pueden enfrentarse a las condiciones cálidas y secas del desierto. Sin embargo, allí viven muchos roedores diminutos. Durante el día, los roedores huyen del sol y se esconden en sus madrigueras. Estas conservan la humedad de la respiración de los animales, y se mantienen a unos 25-35 °C. Los roedores del desierto obtienen agua de su comida. Algunos tienen las patas traseras muy largas para moverse a saltos y apenas tocar la arena caliente cuando salen por la noche.

El hámster enano vive en madrigueras en las dunas de Asia Central, y sale a comer por la noche.

Hámster enano

El jerbo mayor es una de las 11 especies de jerbos que viven en el Gobi. Puede saltar hasta 3 m.

Jerbo mayor

El hámster chino es el más pequeño de los hámsters con aspecto de rata, con apenas 8 cm.

Hámster chino

Caballo de Przewalski

La mayoría de los caballos "salvajes" son cimarrones, o sea, descienden de caballos domésticos. Solo esta raza es realmente salvaje desde su origen. Fue descubierta por el explorador ruso Nicolai Przewalski hacia 1880. Había pocos, y el último en libertad fue visto en 1969. Por suerte, más de 1.000 vivían en los zoos, y hacia 1990 se reintrodujo a la naturaleza una manada en Hustain Hururu, Mongolia.

Hippidion
5 m. a.-8.000 años
El Hippidion fue una amplia rama lateral de *Pliohippus*, de 1,4 m de alto, que apareció cuando los primeros caballos se extendieron por Suramérica desde el norte, hace unos cinco millones de años.

Equus
4 m. a.-presente
El primer caballo moderno, *Equus*, apareció hace unos cuatro millones de años. Dio origen a seis especies: el verdadero caballo, el asno (domesticado), el hemión y tres especies de cebras.

Cebras (Equus burchelli)
Hay tres especies de cebras: la de llanura (*E. burchelli*), la de montaña (*E. zebra*) y la de Grevy (*E. grevyi*). Cada una surgió en un lugar distinto de África.

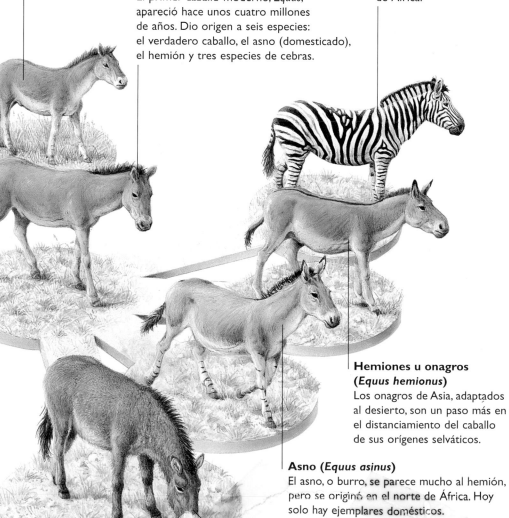

Hemiones u onagros (Equus hemionus)
Los onagros de Asia, adaptados al desierto, son un paso más en el distanciamiento del caballo de sus orígenes selváticos.

Asno (Equus asinus)
El asno, o burro, se parece mucho al hemión, pero se originó en el norte de África. Hoy solo hay ejemplares domésticos.

Caballo de Przewalski (Equus caballus)
Este es el único caballo salvaje auténtico que vive en la actualidad. Algunos expertos creen que es el antecesor del caballo moderno. Otros creen que ambos descienden de un ancestro común extinto.

¡Fauna en peligro!

Leopardo de las nieves

El espeso pelaje de este leopardo lo protege del frío en las montañas donde vive, a altitudes de hasta 6.000 m. Pero ha padecido la caza y la disminución de sus presas naturales, como los muflones, a causa de la actividad humana. Puede que hoy queden solo unos 5.000.

Saiga

Con menos de 330 ejemplares vivos, el saiga de Mongolia, Rusia y Kazajstán es uno de los animales más amenazados del mundo. Sus cuernos, como el del rinoceronte, se usan en la medicina tradicional china. Al haberse protegido este último, el saiga ahora corre más peligro.

Argalí

El argalí es la mayor de las especies de muflones, o carneros salvajes, con 1,4 m de altura en la cruz. Los cuernos del macho del argalí de la raza Marco Polo, de la cordillera del Pamir, alcanzan 1,6 m. Los cazadores furtivos buscan estos trofeos, y el argalí está en serio peligro.

Desiertos de América

El suroeste de Norteamérica es una vasta región de llanuras y montañas, elevaciones rocosas y cañones que abarca cuatro grandes desiertos: la Gran Cuenca, Mojave, Sonora y Chihuahua. Cada uno de estos desiertos tiene su propia fauna y flora: desde la artemisa y los coyotes de la Gran Cuenca hasta el mesquite y las tarántulas de Chihuahua.

Aves rapaces

Casi todos los pequeños animales del desierto están a salvo en sus guaridas, pero cuando salen de ellas se convierten en una presa fácil para los rapaces, como halcones de la pradera, cernícalos, ratoneros, zopilotes, águilas reales y búhos, como el búho real de Virginia y el mochuelo excavador.

Ratonero de cola roja

Este es el mayor de los ratoneros. La hembra tiene una envergadura de 1,5 m. El ratonero de cola roja vive en diferentes hábitats. En verano se encuentra en el norte de Alaska, pero en invierno es fácil verlo planear sobre los desiertos del suroeste de Norteamérica, buscando presas con su aguda vista.

Viuda negra

Las viudas negras viven en las regiones cálidas de todo el mundo. En el desierto norteamericano vive la *Latrodectes hesperus*. Estas arañas deben su nombre a que, con frecuencia, la hembra mata al macho, mucho más pequeño, durante el apareamiento. El veneno de la hembra es 15 veces más fuerte que el de la serpiente de cascabel.

Insectos y arañas

Entre los abundantes insectos del desierto hay hormigas de fuego, escarabajos, gorgojos, libélulas, mariposas como el papilio tigre, y la cigarra Magicada, que vive hasta 17 años, más que ningún otro insecto. Entre las arañas destacan las grandes tarántulas.

Rata canguro del desierto

Las ratas canguro son roedores que saltan como los canguros para mantener sus pies alejados del suelo ardiente. Cavan pequeños hoyos bajo los arbustos para protegerse durante el día. Por la noche salen a buscar comida, que almacenan en sus carrillos. Luego las llevan a su nido.

Aves terrestres

Sin apenas árboles, muchas aves del desierto anidan y comen en el suelo, como las codornices de California y de Gambel, el correcaminos, el inca y las tórtolas, así como el chotacabras. Pavos y faisanes visitan las zonas más húmedas del desierto.

Mamíferos herbívoros

El desierto es uno de los últimos reductos del carnero *bighorn*. Para protegerse del calor, busca la sombra, suda y resopla. Aquí también viven el berrendo, o antílope americano, y el ciervo de cola blanca, que comen matas de huajillo, chumberas y otras plantas.

Pequeños mamíferos

Como en otros desiertos, abundan los pequeños mamíferos. Los roedores como la rata canguro, la rata maderera y el suslik se refugian del calor en sus madrigueras, y obtienen agua de su comida. La liebre de California pierde calor a través de sus grandes orejas.

Correcaminos mayor

El correcaminos, o geococisto, es un gran pájaro de la familia de los cucos, que puede correr a 25 km/h. Come sobre todo insectos, roedores y lagartos, pero es un reputado cazador de serpientes: de un picotazo fulminante, las sujeta por la cabeza y las sacude contra el suelo.

Ciervo mulo

El ágil y tímido ciervo mulo es una especie próxima al ciervo de Virginia, o de cola blanca. En invierno migra desde los bosques al desierto. Es más activo al amanecer y al anochecer, y en las noches de luna. De día yace echado en lugares frescos; los machos, entre rocas escarpadas; las hembras y los cervatos, en sitios llanos.

Crótalo diamantino oriental

Este ofidio es el más peligroso de Norteamérica. Como otras serpientes de cascabel, hace sonar las escamas duras de su cola al verse amenazado. Come pájaros, roedores y lagartos.

Reptiles y anfibios

En el desierto viven serpientes de cascabel, serpientes látigo y de jarreteras, así como la coral y la serpiente rey; también viven lagartos y tortugas del desierto. Hay anfibios como salamandras del desierto, sapos y ranas leopardo, que solo salen de sus hoyos cuando llueve.

Chucualá

El chucualá es el segundo lagarto más grande de Norteamérica, tras el monstruo de Gila. Alcanza los 60 cm de largo. Pero es un pacífico herbívoro que evita el peligro de un modo eficaz: se esconde en la grieta de una roca e hincha sus pulmones hasta tres veces su capacidad habitual, lo que hace imposible sacarlo de su escondrijo.

Lagartos

Entre ellos, están los veloces lagartos cebra, lagartos cornudos, o tapayas, de aspecto temible; lagartos espinosos, gecos rayados, iguanas y colas de látigo. El monstruo de Gila es el mayor de todos, y uno de los dos únicos lagartos venenosos del mundo. El otro es su pariente, el heloderma mexicano.

Pico de Gila

Este pájaro carpintero tiene una estrecha relación con el saguaro. Se alimenta de los frutos del cactus y perfora su corteza, tanto para capturar insectos como para hacer su nido dentro de él. Pero el ave no perjudica al saguaro con sus agujeros; por el contrario, beneficia al cactus al ayudarle a dispersar sus semillas.

Aves voladoras

A pesar de la falta de árboles, muchos pájaros visitan el desierto, como el gorrión coronado, el vireo trinador, el chochín de las rocas, zorzales y currucas. Algunos, como el chochín de los cactus, el pico de Gila y el pico dorado viven en el desierto permanentemente.

Lince rojo

El lince rojo es más pequeño que otros linces, apenas algo mayor que un gato montés, pero puede matar animales del tamaño de un ciervo. Sin embargo, sus presas habituales son conejos, susliks, tuzas, ratas madereras y codornices. Sus incursiones para cazar gallinas o corderos hace que sea perseguido por los granjeros, y también se le da caza por su piel.

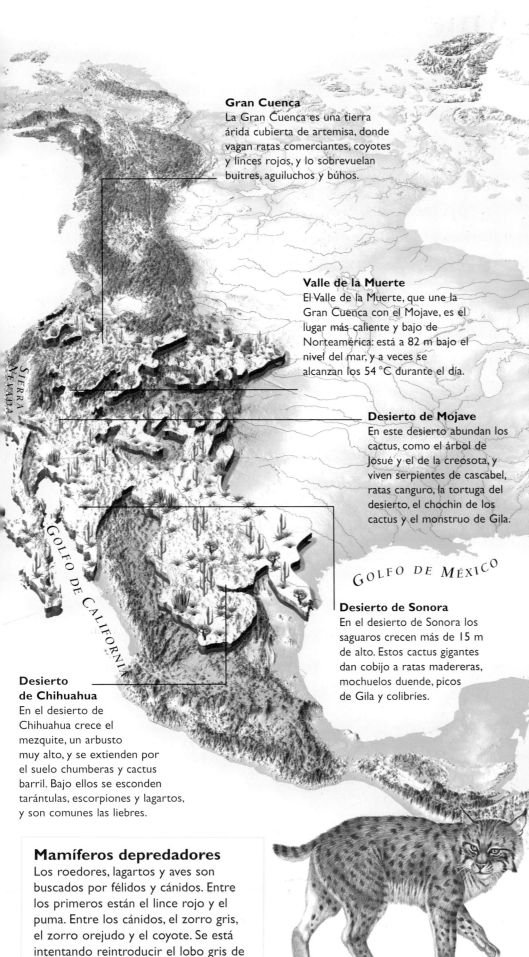

Gran Cuenca
La Gran Cuenca es una tierra árida cubierta de artemisa, donde vagan ratas comerciantes, coyotes y linces rojos, y lo sobrevuelan buitres, aguiluchos y búhos.

Valle de la Muerte
El Valle de la Muerte, que une la Gran Cuenca con el Mojave, es el lugar más caliente y bajo de Norteamérica: está a 82 m bajo el nivel del mar, y a veces se alcanzan los 54 °C durante el día.

Desierto de Mojave
En este desierto abundan los cactus, como el árbol de Josué y el de la creosota, y viven serpientes de cascabel, ratas canguro, la tortuga del desierto, el chochín de los cactus y el monstruo de Gila.

GOLFO DE MÉXICO

Desierto de Sonora
En el desierto de Sonora los saguaros crecen más de 15 m de alto. Estos cactus gigantes dan cobijo a ratas madereras, mochuelos duende, picos de Gila y colibríes.

SIERRA NEVADA

GOLFO DE CALIFORNIA

Desierto de Chihuahua
En el desierto de Chihuahua crece el mezquite, un arbusto muy alto, y se extienden por el suelo chumberas y cactus barril. Bajo ellos se esconden tarántulas, escorpiones y lagartos, y son comunes las liebres.

Mamíferos depredadores

Los roedores, lagartos y aves son buscados por félidos y cánidos. Entre los primeros están el lince rojo y el puma. Entre los cánidos, el zorro gris, el zorro orejudo y el coyote. Se está intentando reintroducir el lobo gris de México, desaparecido hacia 1950.

Un sol abrasador

Vivir en el desierto es una dura prueba para sus habitantes. No solo deben enfrentarse a la grave escasez de agua, sino también al calor, tanto el que procede directamente del sol como el que devuelve la tierra abrasada. Para hacer frente a esta doble amenaza, los animales han desarrollado diversas tácticas. Los roedores, como las ratas canguro, se protegen en la madriguera durante el día y obtienen agua de las plantas que comen. Las serpientes, como los crótalos, utilizan veneno para matar con poco gasto de energía. Algunos animales pierden calor a través de sus grandes orejas, o por la boca. Cada ser vivo afronta el ambiente hostil a su manera.

Vivir bajo el calor y la sequía

La falta de agua es un problema a lo largo de todo el año en el desierto, y durante cuatro o cinco meses, la temperatura en la superficie es demasiado alta para que ningún animal sobreviva en ella. Esta ilustración muestra solo algunas de las formas en que los seres vivos del desierto evitan el calor y la deshidratación.

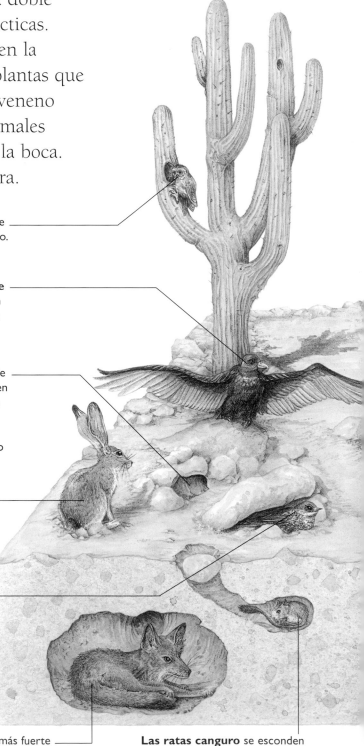

El mochuelo duende se protege del calor en un agujero del saguaro.

El plumaje oscuro del zopilote absorbe calor, por lo que orina en sus patas para enfriarse y se eleva hacia capas de aire más frescas.

Los sapos, como el sapo verde de Sonora, permanecen aletargados en un agujero hasta que las lluvias de verano rellenan las lagunas secas. Entonces salen, se aparean, ponen huevos y se abastecen de alimento y agua para otra larga espera.

La liebre de California tiene grandes orejas con muchos vasos sanguíneos para enfriar su sangre cuando está en la sombra.

Cuando hace mucho calor, el chotacabras cae en un sueño llamado estivación*. Cuando se despierta, abre el pico y hace vibrar la garganta; así, el aire evapora humedad de su boca y se refresca. Pero tiene que beber para reponer agua.

El zorro orejudo evita el calor más fuerte enroscándose en su madriguera durante el día. Sus pies están cubiertos de pelo espeso para evitar el suelo ardiente, y las grandes orejas le ayudan a refrescarse. Obtiene agua de su alimento.

Las ratas canguro se esconden en una madriguera y taponan la entrada para retener la humedad. Su especial metabolismo les permite aprovechar el agua de las semillas secas.

Adaptación al desierto: orejas grandes

Disponer de unas orejas grandes y delgadas, con abundantes vasos sanguíneos, es una de las formas más típicas de perder calor. La brisa que sopla sobre las orejas enfría la sangre. La liebre de California y el zorro orejudo tienen orejas grandes.

Liebre de California de cola negra

Los capilares sanguíneos están muy cerca de la piel, y ofrecen una superficie muy grande para que la sangre se enfríe.

La sangre se enfría mejor si circula junto a la superficie interna de la oreja, resguardada a la sombra.

Zorro orejudo americano

Muchas aves solo tienen actividad en las horas frescas del amanecer y el ocaso. El tirano está activo todo el día, pero se posa en la sombra de los matorrales.

Polilla de la yuca

Gorgojo de la yuca

Geco nocturno

Chochín de los cactus

Árbol de Josué o palma yuca
Los árboles de Josué, un tipo de yuca del desierto de Mojave, congregan a muchos animales. Ofrecen cobijo a insectos y otros animalillos, que son buscados por aves y reptiles.

Oropéndola de Scott

El ruidoso y pequeño pico de Gila es el constructor de casas del desierto, ya que abre agujeros en los saguaros y árboles de Josué.

Serpiente nocturna

Hasta los lagartos como el monstruo de Gila pasan las horas más calurosas en un agujero o bajo las piedras. Si han de moverse por el suelo caliente, lo hacen muy rápido y levantando el cuerpo sobre sus patas extendidas.

El mochuelo excavador se protege en un hoyo del suelo.

La serpiente toro duerme de día en su túnel.

El ratón de los saltamontes hace su fresco agujero bajo una roca.

La araña de tapadera hace un pozo cerrado por una tapa de tela.

Larva de hormiga león en su trampa en forma de cono.

Sapo verde de Sonora en su hoyo.

¡Fauna en peligro!

Murciélago hocicudo menor
En los últimos 40 años, este murciélago ha desaparecido de muchos de sus dormideros, que han sido expoliados. Este murciélago poliniza y dispersa las semillas de muchos cactus, como el saguaro. La desaparición del murciélago puede ser desastrosa para los cactus.

Codorniz enmascarada
En la sequía de 1892, el ganado devoró la hierba en los bordes del desierto de Sonora. El hábitat de la codorniz enmascarada desapareció, y se creyó que el ave se había extinguido. En 1964 se encontraron algunas en México, y se espera reintroducirlas en Arizona.

El mezquite y el ganado
En otros tiempos, las inmensas áreas del seco suroeste de Norteamérica estuvieron cubiertas de hierba. Pero el excesivo pastoreo del ganado agotó la hierba, el suelo se secó y la tierra se endureció para ser colonizada por arbustos de mezquite, de duras y profundas raíces. Los animales que dependen de la hierba perdieron su hábitat.

53

Bosques templados

En invierno, los bosques de las zonas templadas son fríos y oscuros. Los árboles pierden sus hojas para economizar agua, pues les es difícil extraerla de suelos fríos y duros. Entre las ramas desnudas sopla un viento gélido, y la nieve llega a cubrir el suelo, dejando el bosque aparentemente sin vida.

•

Pero llega la primavera, el sol calienta la tierra, las yemas de los árboles comienzan a producir hojas y el suelo del bosque se tapiza de flores. En verano, los árboles están llenos de verdor y el bosque rebosa de vida. No todos los bosques templados son deciduos*: en zonas de inviernos suaves, como la región mediterránea, California o Australia, abundan árboles de hoja ancha (no coníferas) que permanecen verdes todo el año. Pero aquí también se nota la diferencia del invierno al verano.

•

Los animales que viven en los bosques templados han de afrontar los drásticos cambios de las estaciones o, como hacen los pájaros, migrar a otra región antes del invierno. Pero muchos animales se han adaptado a este medio. Aunque no tienen la gran diversidad de la selva tropical, los bosques templados se encuentran entre los hábitats más ricos.

Los bosques templados...

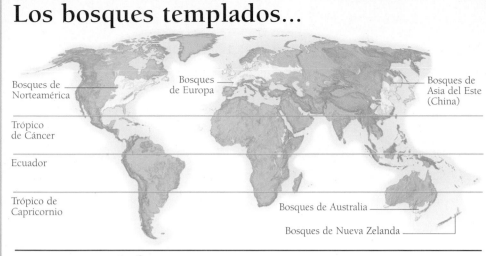

Bosques de Norteamérica

Bosques de Europa

Bosques de Asia del Este (China)

Trópico de Cáncer

Ecuador

Trópico de Capricornio

Bosques de Australia

Bosques de Nueva Zelanda

... y sus diferencias

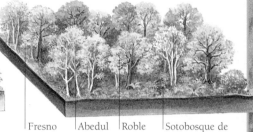

Sotobosque de sasafrás | Nogal negro | Haya | Tilo americano

Fresno | Abedul | Roble | Sotobosque de helechos y zarzas

Norteamérica

Los bosques del este de Norteamérica están formados por robles, hayas, tilos y nogales, bajo cuyas copas crece un sotobosque* de arbustos como el sasafrás. Más al norte crecen bosques de pinos y secuoyas.

Eurasia

Los bosques de Europa varían localmente, de los hayedos en suelos calizos a los abedulares de suelos arcillosos. Un bosque mixto puede tener robles, fresnos y abedules, con zarzas en el sotobosque. Más al este dominan los tilos.

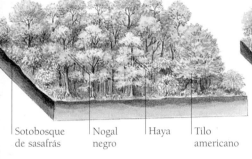

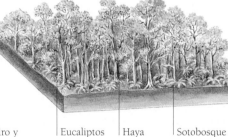

Abeto | Bambú | Árbol de las pelucas | Falsa secuoya | Rododendro y azalea (arbustos)

Eucaliptos | Haya meridional | Sotobosque de helechos

China

Hace 8.000 años, China Central estaba cubierta por completo de bosques de latifolios. Hoy, los cultivos han sustituido a casi todos, menos algunos parches boscosos en los que crecen robles y fresnos, junto a árboles de las pelucas y falsas secuoyas. En el sotobosque crecen densas matas de rododendros y azaleas.

Australia

Más allá de las tierras de cultivo de la llanura costera del sureste de Australia crecen densos bosques de eucaliptos sobre brezales. Más al sur y a mayor altitud, donde hay más humedad y frescor –sobre todo en Tasmania–, los árboles son perennes y de hoja ancha, como el haya meridional y el fresno de montaña.

Los ambientes

Aunque no tan húmedos como la selva tropical, los bosques templados retienen bastante agua y llueve lo suficiente para que los árboles prosperen (entre 750 y 1.000 mm al año). En zonas más húmedas, como las islas orientales de Canarias, se da el "bosque templado húmedo".

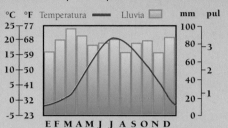

Sol y lluvia

Un bosque templado típico, como los de Europa, tiene veranos cálidos e inviernos fríos, con temperaturas por debajo de los 5 °C. Las frecuentes heladas dificultan que los árboles absorban la humedad.

El bosque en primavera

En primavera, distintas flores como prímulas, botones de oro y campanillas tienen una breve oportunidad de extenderse por el suelo del bosque y dar semillas, antes de que las copas de los árboles les quiten el sol al llenarse de hojas en verano.

El bosque en invierno

En invierno, los bosques caducifolios se transforman. Los árboles quedan desnudos y expuestos al viento. El aire es frío, y a los animales les resulta difícil hallar comida. Solo los más resistentes se mantienen activos.

Bosques templados de Eurasia

En los bosques templados, el alimento depende en gran medida de las estaciones, por lo que a muchos animales grandes les es difícil sobrevivir allí todo el año. Sin embargo, esta zona es el hogar de pequeños mamíferos y aves, insectos y otros invertebrados. Cada tipo de bosque (hayedo, robledal, mixto o pinar) tiene sus propias especies: así, por ejemplo, el pardillo sizerín busca los abedulares, y el pinzón, los hayedos.

Pequeños mamíferos

La abundancia de hojas, frutos y semillas alimenta a muchos pequeños mamíferos e insectos que, a su vez, son el alimento de otros mamíferos. En 1 km² de bosque pueden vivir más de 7.500 ratones y topillos, además de numerosos topos, musarañas, erizos y ardillas

Aves terrestres

En el suelo del bosque abundan las semillas y los pequeños invertebrados, sobre todo en verano, que abastecen de alimento a ruiseñores, faisanes y becadas. Estas aves rebuscan con su pico entre la hojarasca lombrices y otros animalillos.

Mariquita

Las mariquitas son escarabajos de colores vivos que comen diminutos insectos chupadores de savia, como pulgones y cochinillas, y por eso los jardineros las aprecian. Su color rojo advierte a los pájaros de su mal sabor. En otoño se reúnen para hibernar bajo la hojarasca.

Lirón gris

El lirón gris tiene una cola plumosa, como la de la ardilla. También se sienta para comer, pero no levanta la cola como lo hace la ardilla. En los días de verano duerme en su nido, en lo alto de un árbol, y solo baja al suelo a comer nueces, semillas y bayas por la noche. En invierno hiberna en un agujero de un árbol, o en los desvanes de las casas.

Ruiseñor

Muchos pájaros son buenos cantores, pero el ruiseñor es quizá el más impresionante. En los atardeceres de primavera es fácil escuchar su canto rico, variado y potente. El ruiseñor es tímido y se esconde en los matorrales, de donde sale de vez en cuando a buscar insectos del suelo, como escarabajos y hormigas.

Invertebrados

En primavera hay una explosión de vida de invertebrados en el bosque. Entre la hojarasca viven hormigas de bosque, ciempiés, babosas y caracoles, y las hojas alimentan a escarabajos, tijeretas y grillos. Algunas moscas capturan otros insectos.

Lobo común

El lobo común, o lobo gris, es el mayor de los cánidos. Vive en manadas formadas por una pareja de adultos y varias generaciones de jóvenes. Al cazar en equipo, los lobos pueden abatir ciervos y otros animales varias veces más grandes que ellos mismos.

Aves voladoras

La profusión de insectos en primavera hace que muchos pájaros visiten el bosque: currucas, papamoscas, mosquiteros y zorzales. La rica cosecha veraniega de bayas, semillas y frutos secos provee de alimento a aves como carboneros, arrendajos y pinzones.

Pájaro carpintero

Se agarra a la corteza de los árboles con sus fuertes uñas y la perfora con su potente pico para extraer insectos de la madera. Además de insectos, come frutos, bayas e incluso polluelos de otros pájaros. En primavera es fácil oír cómo tamborilea en los árboles para marcar su territorio.

Mamíferos depredadores

En invierno, suelen escasear las presas para los carnívoros estrictos, como los grandes félidos, pero hay gatos monteses y linces. Los lobos, osos, zorros y garduñas se mantienen con alimentos alternativos a la carne.

Bosque seco templado

Los bosques que rodean el Mediterráneo suelen permanecer verdes todo el año, con árboles como el alcornoque y la encina.

Ramoneadores

Muchos mamíferos del bosque tienen una dieta mixta, y algunos carnívoros como la marta comen frutos frescos o secos. Los que prefieren los vegetales, sin embargo, son los tejones y los jabalíes. Los primeros se alimentan también de lombrices e insectos.

Jabalí

El jabalí, ancestro del cerdo doméstico, es un animal robusto que corre rápidamente y nada bien. Tiende a vivir en solitario o en pequeños grupos, y come casi de todo. Busca bulbos y tubérculos hozando en el suelo con su morro, ayudado por su fino olfato. También come frutos y carroña.

Polilla arpía y su oruga

Las polillas se alimentan sobre todo de noche. De día descansan camufladas* sobre la corteza de un árbol o entre la hojarasca. Cada especie de árbol tiene sus propias especies de polilla: el roble atrae a la piral y a la arpía. Si se ve amenazada, la oruga de la arpía muestra una falsa "cara" y lanza chorros de ácido por sus colas.

Mariposas y polillas

Las hojas del bosque deciduo alimentan a innumerables orugas, mientras que las mariposas y polillas adultas liban néctar de las flores. La nazarena revolotea en los robles; la tornasolada, en los sauces, y la ninfa del bosque en la madreselva. La doncella liba las violetas del suelo.

Parches de bosque

Gran parte de Europa estuvo en otro tiempo cubierta de bosques, pero muchos desaparecieron para dejar sitio a la agricultura. Los bosques naturales sobreviven en lugares aislados.

Mamíferos herbívoros

Aunque en los bosques la hierba solo abunda en los claros, los árboles dan cobijo a muchos herbívoros. Los ciervos comen brotes y ramas. Entre los cérvidos nativos están el ciervo común, el gamo y el corzo, y entre las especies introducidas, el muntíaco, el sika y el ciervo acuático chino.

Gamo

El gamo, o paleto, pasa la noche y casi todo el día bajo los árboles o entre matorrales espesos, y sale al amanecer y al atardecer para comer hierba. En otoño llega su época de celo. Los machos reúnen a las hembras, y los rivales combaten furiosamente utilizando las astas hasta que uno de ellos se retira. El vencedor se queda con el harén.

Bialowieza

El bosque de Bialowieza, en Polonia, es uno de los últimos bosques vírgenes de Europa, donde viven lobos, osos y alces junto al bisonte europeo, que ha sido reintroducido gracias a los ejemplares de los zoos.

Ratonero común

A veces, el ratonero caza acechando desde la copa de un árbol, pero es más habitual que sobrevuele los bordes del bosque para detectar pequeños mamíferos, sobre los que se abalanza a gran velocidad. En invierno, el ratonero común puede alimentarse de carroña.

Aves rapaces

Muchos pájaros y mamíferos del bosque son presa de las rapaces. Algunas de ellas, de alas cortas para volar entre los árboles, como el gavilán, cazan cerca del suelo. Las aves mayores, como el águila real, planean sobre las copas y capturan a sus presas en los claros del bosque. El cárabo y el búho real cazan de noche.

Vivir en el bosque

Al igual que la selva tropical, el bosque templado tiene distintos niveles, aunque el arbolado es menos denso y más bajo. El piso superior es el dosel*, formado por las copas de los árboles. Aquí viven herbívoros (pájaros, pequeños mamíferos e insectos) que se alimentan de hojas y frutos. Más abajo está el sotobosque* de arbustos espinosos, que cobija aves terrestres y mamíferos mayores. El suelo es una gruesa capa de residuos formada por hojas muertas, que se descompone lentamente en el aire fresco. Aquí cavan sus galerías topillos y musarañas, y viven insectos, cochinillas, ciempiés y otros invertebrados.

Red alimentaria* del bosque

Cada árbol del bosque encierra un mundo, y cada especie sustenta su propia comunidad de seres vivos. Un árbol de hoja caduca alimenta y da cobijo a muchos animales, y los relaciona entre sí en una unidad viviente. Entre los herbívoros a los que el árbol alimenta son cruciales los insectos y otros animalillos, que son la base de la compleja red de dependencia alimenticia de los demás animales.

Tejón común

Al tejón le gusta vivir en bosques de dosel tupido y con un suelo blando y seco para cavar su tejonera. Esta enorme red de túneles tiene cerca de una docena de entradas, y cobija a un macho, una o dos hembras y sus cachorros. Las tejoneras pasan de una generación a otra, y muchas tienen un siglo o más de antigüedad. Los tejones salen al anochecer para comer lombrices, insectos, raíces, tubérculos, frutos y hongos. También cazan pequeños mamíferos, y pueden comer carroña.

Las orugas de la polilla geómetra comen las hojas de muchos árboles deciduos. De día, la polilla adulta se camufla sobre la corteza cubierta de líquenes.

Adaptación al bosque: nidos y posaderos de las aves canoras

En invierno y, sobre todo, en primavera, el bosque se llena de cantos de mirlos, zorzales y currucas. Casi todas las aves se comunican por sonidos, pero los machos de las aves canoras cantan para atraer a las hembras y para marcar su territorio*. Cada especie tiene su propio canto, que suele variar con las estaciones. En invierno, el mirlo macho canta suavemente para galantear a la hembra, pero en primavera elige un posadero elevado y canta sonoramente para establecer su territorio. Al hallar pareja, las aves canoras construyen un nido, cada especie a una altura diferente.

Zorzal charlo: más de 20 m

Mirlo: hasta 10 m

El faisán es oportunista en su alimentación y come no solo semillas e insectos, sino también lagartos, culebras y pequeños mamíferos.

El ratón de campo come bayas, frutos, semillas, hongos, insectos y lombrices. En invierno, al escasear el alimento, cae en un estado de semiletargo.

Ruiseñor: casi a ras del suelo

Buscarla pintoja: casi a ras del suelo

Mosquitero musical: hasta 0,6 m

Curruca mosquitera: 0,6-1 m

Zorzal común: hasta 1,5 m

El búho chico
pasa el día en el nido abandonado de otras aves, como los de los cuervos. De noche caza topillos, musarañas y otros pequeños mamíferos nocturnos, así como pájaros.

El gavilán
vuela con gran habilidad y aprovecha la cubierta arbórea para emboscar a aves de distintos tamaños, desde pequeños herrerillos hasta grandes faisanes.

El herrerillo
aprovecha la variedad que ofrece el bosque y come toda clase de insectos en verano, incluso orugas. En invierno come básicamente semillas.

El labrador
es un escarabajo que se alimenta de savia, polen y néctar, pero sus larvas comen madera y cavan túneles en los troncos. Pueden dañar los árboles.

La musaraña
es un diminuto mamífero que se desplaza por túneles bajo la hojarasca, buscando cochinillas e insectos.

Las cochinillas de humedad
son crustáceos (como los cangrejos) adaptados a vivir en la tierra húmeda. Comen madera y plantas en descomposición.

El zorro común
come principalmente conejos, liebres y otros mamíferos como musarañas y ratones, pero puede comer casi de todo: escarabajos, ranas e incluso basura.

Los nematodos
son diminutos gusanos blancos que juegan un papel vital en el suelo al digerir la materia orgánica muerta. En 1 m² de suelo puede haber hasta 140.000 nematodos.

¡Fauna en peligro!

Lince europeo
Como ocurre con el lince ibérico, la deforestación ha dejado pocos refugios para el lince europeo. Originalmente era un animal de bosque, pero se ha replegado a zonas montañosas y de matorral, como el norte de Grecia, su último reducto en Europa. Hoy, su supervivencia depende de su protección en algunas reservas.

Lobo común
Desde hace siglos, el lobo ha sido objeto de una implacable persecución y hoy solo sobreviven algunas manadas en lugares aislados. Aunque el rechazo por parte de muchas personas aún amenaza al lobo, se han reintroducido pequeños grupos en varios países de Europa.

Bosque explotado
Quedan pocos bosques enteramente salvajes. La mayor parte se han explotado, o han sido repoblados mediante reforestación. A veces se talan los árboles con regularidad para que rebroten varas delgadas y rectas, más aprovechables que los troncos viejos. Esto beneficia a algunas aves, pero perjudica a otras.

El Nuevo Bosque

El Nuevo Bosque, en el sur de
Inglaterra, es el resultado de muchos
siglos de intervención humana. Siguiendo
un antiguo derecho de uso, los habitantes
del lugar llevaban a pastar su ganado y sus ponis bajo los
árboles. Los cerdos comían libremente bellotas y hayucos,
y se podaba la madera de los árboles jóvenes. Hoy apenas
queda nada del bosque primigenio, pero esta forma de
explotación tradicional ha creado una mezcla única de
brezal y arbolado, y ha conservado el Nuevo Bosque como
la mayor área de robles y hayas de Inglaterra, un refugio
para muchas de las especies del bosque original. De las
2.250 especies de mariposas y polillas de Gran Bretaña,
más de la mitad viven aquí. En invierno parece yermo,
con los árboles desnudos y el aire frío. Pero en verano,
cuando los árboles despliegan sus
hojas verdes, toda clase de aves,
insectos y pequeños mamíferos
revolotean y corren
bajo su sombra.

Un amanecer en el Nuevo Bosque

Acaba de amanecer, y el cálido sol de julio ya penetra entre los árboles, evaporando el rocío y manchando de dorado la vegetación del bosque. Una raposa juega con sus zorreznos antes de volver a su cubil, mientras una pareja de tejones regresa a su tejonera por la vieja trocha recorrida por sus ancestros.

•

A lo lejos, una familia de ciervos cruza majestuosa un claro, con sus flancos rojizos brillando al sol. Más cerca, dos ponis del Nuevo Bosque han salido a pastar, a tomar su primer bocado del día. Cerca, un pájaro carpintero tamborilea en un árbol en busca de insectos, mientras las limoneras revolotean sobre el espino negro.

•

En una rama, un mosquitero silbador macho chilla su agudo canto para mantener alejados a otros machos. Las mariposas tornasoladas y nazarenas revolotean entre los arbustos. En lo alto vuelan palomas torcaces y arrendajos.

En el suelo, en un tronco caído cubierto de hongos, las cochinillas y labradores aceleran la destrucción de la madera; cerca, un topillo regresa a su escondite diurno bajo las hojas.

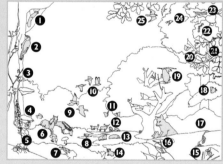

CLAVE

1	Ardilla gris	14	Topillo
2	Pájaro carpintero	15	Labrador
3	Lagarta	16	Zorro común
4	Nacarada	17	Cochinilla
5	Hormiga roja	18	Limonera
6	Poni del Nuevo Bosque	19	Arrendajo
7	Carbonero común	20	Tornasolada
8	Becada	21	Mosquitero silbador
9	Paloma torcaz	22	Escarabajo sanjuanero
10	Pinzón	23	Oruga de esfinge del aligustre
11	Mariposa de los muros	24	Golondrina
12	Ciervo común	25	Alcotán
13	Tejón		

Bosques templados de Norteamérica

Cuando llegaron los colonos europeos, el este de Norteamérica estaba cubierto por un inmenso bosque deciduo, por el que vagaban pumas y lobos. Gran parte de aquel bosque ha desaparecido junto con el lobo y el puma, pero quedan algunas manchas boscosas. Estas cobijan pequeños mamíferos, aves e insectos. Algunos soportan el duro invierno en estado de hibernación*; o bien cambiando su dieta. Otros llegan en primavera para aprovechar el verano.

Anfibios
Muchas ranas, tritones y salamandras ponen huevos en las corrientes de agua y charcas del bosque. Ya de adultos, viven entre los árboles: sapos del roble en Carolina del Sur, ranas arborícolas grises en el sur de Canadá, salamandras rojas en Nuevo Hampshire y muchos más.

Salamandra maculada
Esta es una de las salamandras de bosque más vivamente coloreadas. En las noches húmedas de primavera es fácil verla salir de su escondite invernal. Pero hay muchas otras, como la yonalosi de Sierra Azul, la salamandra anillada de los bosques de Misuri, la salamandra marmórea de los Grandes Lagos y la salamandra de Jefferson en Nueva Inglaterra.

Insectos e invertebrados
Las hojas de primavera sustentan un ejército de gorgojos y avispas de las agallas, y muchos escarabajos comen madera en los árboles. Pero la gruesa capa de hojarasca es uno de los microhábitats más ricos del mundo. Allí viven hormigas, ciempiés, babosas y caracoles.

Arrendajo azul
El arrendajo azul es un ave hermosa y lista. Como el arrendajo europeo, es ruidoso y agresivo, y a veces persigue pequeños pájaros y devora sus huevos y polluellos. Normalmente, come frutos secos y semillas, que entierra en otoño para tener una despensa en el crudo invierno.

Aves voladoras
Incluso en invierno, el bosque resuena con el canto de muchos pájaros como carboneros, herrerillos, picos e incluso cardenales. En primavera, los escuadrones de aves migratorias (zarceros, vireos, trepadores, colirrojos) llegan del sur para aprovechar el festín de insectos.

Avispa portasierra
Las avispas portasierra forman una familia emparentada con las avispas comunes y las hormigas. La cola de las hembras termina en una especie de sierra con la que perforan las plantas para poner sus huevos. Al nacer, las larvas mastican las hojas y las reducen a un esqueleto.

Tortuga caja oriental
Las tortugas caja deben su nombre a que su peto, o plastrón, está articulado y cierra por completo las aberturas del caparazón cuando la tortuga se refugia en su interior. La tortuga caja oriental come lombrices, babosas, hongos y fruta. Si aprieta el calor, se refresca en el barro.

Reptiles
Las tierras húmedas y los bosques del este de Norteamérica ofrecen alimento y refugio a muchos reptiles: tortugas de bosque, escincos y serpientes, entre estas la serpiente piloto, la serpiente jarretera y la de cabeza de cobre.

CORDILLERA COSTERA

MONTAÑAS ROCOSAS

Misuri

GRANDE LLANURA

GOLFO DE CALIFORNIA

SIERRA MADRE

Río Grande

Montes Adirondack
En los valles del norte, los bosques de arces, abedules y pinos albergan 54 especies de mamíferos, entre ellos coyotes, castores, alces y martas, además de águilas, como el águila pescadora.

Montes Allegheny
Esta es una de las pocas manchas que quedan del bosque que se extendía por la cordillera de los Apalaches. Aquí viven osos, murciélagos de Indiana y una especie endémica*, la rata de bosque de Allegheny.

Montes Great Smoky
Este es uno de los últimos grandes reductos de bosque deciduo virgen, donde crecen altos y majestuosos tilos americanos, hayas y nogales americanos.

Mamíferos depredadores
En verano, los conejos y las liebres del bosque son el objetivo del lince rojo y del zorro americano. El zorro gris come insectos y roedores, y trepa con agilidad felina. En tiempos de escasez todos ellos pueden comer fruta. En Carolina del Norte puede verse el raro lobo rojo.

Aves terrestres
Diversas gallináceas como el colín de Virginia, el grévol y el faisán (que es una especie introducida) se alimentan de las abundantes semillas y bayas que picotean por el suelo del bosque. El grévol anida en los álamos, cuyos amentos (frutos) come la hembra mientras incuba.

Pavo silvestre

El pavo silvestre es una gran ave del bosque que busca su alimento en el suelo. Come bayas, semillas y también insectos y pequeños reptiles. Tiene un vuelo potente, pero solo en distancias cortas. Fue domesticado en México hace unos mil años. Los pavos salvajes son hoy raros en Estados Unidos, aunque se han reintroducido en algunos lugares.

Aves rapaces
Los árboles del bosque son perfectos y disimulados posaderos para las rapaces, que en rápidas salidas cazan pájaros y pequeños mamíferos. El azor de Cooper caza murciélagos y ardillas. Otros capturan pájaros, y el azor del norte, más grande, puede cazar liebres.

Mochuelo chillón oriental

Con un finísimo oído direccional y una aguda vista, los búhos y lechuzas pueden volar entre los árboles casi en total oscuridad y localizar a sus presas con mortal precisión. Entre las rapaces nocturnas del bosque están el búho de Virginia (muy parecido al búho real de Europa), la lechuza y el territorial y agresivo mochuelo chillón, conocido por su silbido espectral y oscilante.

Oso negro

El oso negro es, con diferencia, el mayor carnívoro del bosque, pues alcanza 1,8 m de largo y 300 kg de peso. Puede matar fácilmente pequeños ciervos, pero el 95% de su dieta es vegetal: hierba en primavera, frutos y bayas en verano, y frutos secos en otoño. A veces, los osos destrozan viejos troncos para comer lombrices, o buscan la comida en los coches y junto a las casas.

Ciervo de Virginia

El ciervo de Virginia, o de cola blanca, es un animal tímido. Si se alarma, agita su cola en alto para advertir a la manada y huye a esconderse. Su agilidad le permite correr entre la maleza del bosque a 50 km/h, y puede nadar bien. Las astas del macho se desarrollan a los dos años. Empiezan pronto a combatir por las hembras.

Ramoneadores
El único gran ramoneador del bosque deciduo de Norteamérica es el ciervo de Virginia. Pero gracias a lo variado de su dieta —desde hojas a fruta caída— puede sobrevivir tanto en los fríos pinares de Maine como en las cálidas tierras pantanosas de Florida.

Mapache

El mapache, vivaracho y atrevido, tiene un antifaz de "bandido" acorde con su modo de vida oportunista: come de todo, sean ranas o fruta. Este animal del bosque está tan acostumbrado a la presencia humana que puede escalar a las ventanas, abrir pestillos y robar la comida de las despensas. Siempre lava lo que va a comer, si está cerca del agua.

Pequeños mamíferos
En verano abundan los insectos y otros invertebrados, los frutos y las nueces, que sirven de alimento a muchos pequeños mamíferos, como la ardilla listada, la zarigüeya de Virginia y los topillos. Estos, a su vez, son presa de pequeños carnívoros, como la comadreja colilarga.

Río Misisipi

MONTES APALACHES

Ciclo anual del bosque

La vida de los animales de los bosques deciduos está condicionada por las estaciones. Ningún otro hábitat cambia tanto a lo largo del año, desde la desolación casi ártica del invierno hasta la abundancia casi tropical del verano. Cada ser vivo se las arregla a su manera, pero hay cuatro estrategias básicas: algunos animales cambian su dieta y hábitos con las estaciones; muchas aves migran antes del invierno; algunos animales hibernan, y muchos insectos paralizan su desarrollo hasta la primavera.

El zorro americano
varía su dieta, aprovechando cualquier cosa comestible.

El pavo silvestre
visita el bosque en invierno para resguardarse y para comer bellotas.

El coendú,
o puerco espín arborícola, se reúne con sus semejantes en una madriguera y sale en tiempo seco a recoger corteza, su comida de invierno.

La ardilla gris
permanece activa en invierno, gracias a los frutos secos que almacena durante el otoño.

La mariposa antíope
pasa el invierno "congelada viva" en las grietas de los árboles.

El ciervo de Virginia
se congrega con sus congéneres en determinadas áreas y come bellotas.

La comadreja colilarga
viste un pelaje invernal blanco para pasar desapercibida en la nieve.

La salamandra maculada
hiberna en agujeros en el suelo.

Invierno

Cuando llega el frío del invierno, los animales de sangre caliente* evitan la congelación con su calor corporal. Los animales de sangre fría* usan otras estrategias. Los insectos producen proteínas anticongelantes y glicerol, un líquido anticongelante. Muchas ranas y tortugas se refugian en el fondo de las charcas, bajo el hielo. Las ranas respiran entonces tomando el oxígeno del agua a través de su piel, y las tortugas mordedoras lo hacen por la fina piel del cuello. Las ranas de bosque y las tortugas pintadas se llegan a congelar, pero sobreviven.

Sueño invernal

El frío del invierno obliga a los animales a buscar fuentes de energía alternativas al escaso alimento. Muchos pequeños mamíferos hibernan en su madriguera, así como algunos reptiles, anfibios e insectos. La hibernación consiste en retardar los procesos vitales para caer en un sueño profundo, en el que apenas se consume energía. La temperatura de un mamífero puede bajar de los 6 °C, y su ritmo cardíaco a unas 10 pulsaciones por minuto. Los osos pasan meses dormitando en su osera.

Lanagra escarlata

Oso negro

Zorro americano

Coendú

Pavo silvestre

Ciervo de Virginia

Grévol

Comadreja

Colirrojo

Marmota

Rana de bosque

Salamandra maculada

Tortuga mordedora

Primavera

Al llegar la primavera, aparecen yemas en los árboles, florecen muchas plantas, despierta la marmota y se multiplican los insectos. Los licénidos liban el vencetósigo, y la monarca pone huevos en el algodoncillo. Desde el sur llegan colirrojos, vireos, tanagras y currucas para comer insectos. Los cantos de los pájaros llenan el aire mientras construyen sus nidos.

Mariposa monarca

Adaptación al bosque: aves migradoras

Casi todas las aves que pasan el verano en el bosque migran al sur en otoño para evitar el gélido invierno. La ruta y el destino varían de unas especies a otras, pero la mayoría migran entre las mismas regiones guiándose con gran precisión por las estrellas y una "brújula" interna, un órgano sensible al campo magnético terrestre.

Curruca blanquinegra

Tanagra escarlata

Azor de Swainson

Azor de Swainson

Otros

Vireo de ojos rojos

El oso negro
juega en grupos familiares y come enormes cantidades de bayas en verano.

La chicharra macho
canta en los árboles para atraer a su pareja.

El ciervo de Virginia
cambia en verano su dieta invernal de bellotas y ramitas por hojas verdes y brotes. Su pelaje se vuelve rojizo.

La ardilla gris oriental
deja de comer bellotas en verano y, en su lugar, come hongos.

Oso negro

Ciervo de Virginia

Ardilla gris oriental

Comadreja

Pavo silvestre

Zorro americano

Ardilla

Ardilla listada

El pavo silvestre
se dirige a áreas abiertas en verano para comer bayas, frutos, semillas e insectos.

Verano

En verano, los árboles están repletos de hojas. Cada metro cuadrado de bosque produce 1 kg de materia vegetal. Las plantas y los insectos que se alimentan de ellas proveen de alimento abundante a otros animales. La actividad se encuentra en su punto máximo. Los pollos de las aves empiezan a volar, y las crías de los mamíferos aprenden a valerse por sí mismas.

La salamandra marmórea
pone sus huevos en suelo seco en otoño, y los protege hasta su eclosión con las lluvias de primavera.

Otoño

Los árboles se vuelven dorados, rojos, amarillos y pardos mientras se preparan para la sequía de invierno. Muchas aves se reúnen para migrar, llevando consigo a los pollos nacidos en primavera. La mariposa monarca también migra. Los animales que se quedan comienzan a hacer provisiones, unos comiendo, como el ciervo, y otros enterrando alimentos, como las ardillas, ardillas listadas, los arrendajos y hasta los zorros. Los ciervos machos combaten por las hembras.

¡Fauna en peligro!

Lobo de bosque

El lobo de bosque era común en los bosques del noreste de Norteamérica. Hoy apenas ocupa un 3% de su área original, en los estados que rodean los Grandes Lagos. Con una población tan pequeña, el peligro de extinción de esta raza de lobos es muy grande.

Puma oriental

El puma oriental es una variedad de puma propia de los bosques del este de Estados Unidos, en otro tiempo muy común. Su caza fue tan implacable que es probable que se extinguiera hace un siglo. Recientemente se han visto pumas en el este, pero debe tratarse de cachorros escapados de pumas del oeste.

Ciervo de Virginia

Hacia 1900, la caza había llevado al ciervo de Virginia casi a la extinción en algunos lugares. Las leyes de caza y la deforestación invirtieron el proceso, y hoy hay más de 15 millones de ciervos en Norteamérica. La deforestación reemplaza árboles viejos por arbustos, y los ciervos encuentran más alimento.

Bosques templados de Asia

Hace unos 4.000 años, un gran bosque se extendía desde el centro de China hasta Corea y el este de Siberia. Gran parte de aquel bosque se destruyó y fue sustituido por cultivos, pero las manchas boscosas que quedan son algunos de los bosques templados más ricos y diversos del mundo, y albergan animales y plantas únicos, como el escaso panda gigante.

Primates

Hay 18 especies de monos que viven en los bosques y selvas de China. Algunos viven solo en la zona templada, como el raro yunán, que vive en bosques perennes hasta los 3.000 m de altitud, donde la nieve está presente la mayor parte del año.

Mono dorado

El mono dorado tiene un pelaje largo anaranjado, con manchas azules sobre los ojos. Come sobre todo hojas, y vive en los bosques de alta montaña donde crecen coníferas junto con latifolios. Su piel es perseguida por los cazadores y algunas partes de su cuerpo se usan en la medicina tradicional china, pero lo que amenaza la extinción de la especie es la destrucción de su hábitat.

Aves voladoras

Muchas aves del bosque realizan largas migraciones cuando llega el invierno, pero, en los bosques montañosos del este, a muchos pájaros les basta con descender a los valles cercanos para evitar el frío: es el caso de los timálidos y del zorzal reidor. Entre los muchos otros pájaros de estos bosques están los pinzones rosa, paros de espalda negra, sibias, minivets, picos y cuervos.

Reptiles y anfibios

De la diversidad de los bosques de China dan fe sus anfibios y reptiles. Se han identificado 35 anfibios y 73 reptiles, entre ellos la tortuga de Reeve, el búngaro azul y varias especies de serpientes de las ratas en una sola región.

Panda menor

El panda menor, o panda rojo, vive en bosques de bambú al este del Himalaya. A veces, se le clasifica con el mapache; otras, con el panda gigante. La palabra *panda* significa, en nepalés, "comedor de bambú", pero los pandas también comen bayas, bellotas e insectos.

Sapo vientre de fuego

Entre los anfibios chinos está el mayor de todos: la salamandra gigante, de 1,25 m de largo, y el sapo vientre de fuego oriental, que vive en ríos de montaña y zonas costeras. Cuando se alarma, el sapo vientre de fuego se vuelve de espaldas y muestra su vientre rojo, a la vez que su piel desprende un líquido irritante.

Irena de dorso azul

Las irenas son aves de vivos colores que pasan casi todo el tiempo posadas en las ramas altas de los árboles. Sus cantos aflautados y su inquieto revoloteo en busca de fruta es algo familiar en los bosques del este de Asia.

Mamíferos ramoneadores

El animal nativo mas famoso de China es el panda gigante, que hoy solo vive en las provincias de Sichuán, Gansu y Shanxi, donde se alimenta únicamente de una especie de bambú, a diferencia del panda menor, de dieta más variada.

Musaraña topo

Muchas musarañas, como las raras especies de Selanski, de Koslov y de Gansu, cavan sus túneles en la hojarasca del bosque en busca de insectos. Como los topos, las musarañas topo cavan túneles en la tierra. Tienen ojos pequeños y las orejas ocultas.

Pequeños mamíferos

Una gran variedad de pequeños mamíferos se alimentan de frutos e insectos en los bosques del Lejano Oriente: ratones, ratas y topillos, como el topillo mandarín. Estos, a su vez, son presa de la marta, el armiño chino y la comadreja.

Daba Shan
En el bosque mixto de robles y coníferas de Daba Shan viven monos dorados, leopardos y ciervos almizclados, así como el faisán de Reeve y jabalíes.

Wolong
Las húmedas montañas de Wolong son el último refugio del panda gigante, y albergan 46 especies de mamíferos, entre ellos la pantera nebulosa y el ciervo de labios blancos; también viven allí 225 especies de aves, como los faisanes.

Sichuán
Queda, muy poco de los grandes bosques de latifolios, pero junto a los ríos cazan los milanos negros por el día y los murciélagos por la noche. Macacos de cola corta se cuelgan de los árboles en la montaña de Emei Shan.

Bosques de Ussuri
Aquí, en las montañas bajas de la costa, crecen pinos junto a robles y avellanos. Este remoto mundo es refugio del raro tigre de Amur y del leopardo, y también del oso negro, el goral (una especie de cabra) y serpientes únicas, como la mamushi de Ussuri.

Bosques de Corea
En los bosques de robles y abedules que quedan en Corea viven el oso negro, el topillo mandarín y el lobo, así como el pico negro de vientre blanco.

Insectos
En todos los bosques orientales abundan las hormigas, escarabajos y muchos otros insectos. Pero los más llamativos de China son las mariposas, como la mariposa hoja de roble (que imita la hoja seca de este árbol), la gifú china y la rara kaiser dorada.

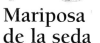

Mariposa de la seda
Las orugas de muchas polillas bombícidas hacen seda, pero la más conocida es la oruga de *Bombyx mori*, o mariposa de la seda. La oruga come hojas de morera, y se cría en China desde hace 4.000 años por la seda que hila para hacer su capullo. Pero se ha extinguido en estado salvaje.

Mamíferos depredadores
La abundancia de presas del bosque sustentó en el pasado a grandes cazadores como el tigre, la pantera nebulosa, el lobo y el oso negro. Pero la reducción del bosque y la caza de estos animales para su uso en medicina tradicional ha puesto a estas especies en grave peligro.

Takín
El takín vive en los densos bosques de bambú y arbustos de rododendro, cerca de los límites superiores del bosque en las regiones más abruptas, a más de 2.400 m de altitud. De aspecto recio y torpe, se mueve, sin embargo, con agilidad por las laderas inclinadas en busca de hierba, bambú tierno y brotes de sauce.

Aves terrestres y acuáticas
Nueve de las quince especies de grullas que hay en el mundo pescan en los ríos y lagos de los bosques de Asia del este, entre ellas la grulla coronada, famosa por su espectacular danza de cortejo. También viven el tarro blanco, el pato mandarín y la serreta china.

Faisán cobrizo
Entre los árboles de los bosques chinos viven 56 de las 276 especies de faisanes del mundo, entre ellas, algunas de las más espectaculares, como el tragopán de Temminck, el monal, el faisán de Reeve y el bello faisán cobrizo, también llamado de Lady Amhert.

Mamíferos ramoneadores
Los bosques de Asia eran tan espesos que solo podían vivir en ellos ciervos pequeños como el sika, el ciervo de Eld, los muntíacos de Reeve y de Fea, y el ciervo almizclado de Siberia. En zonas más altas y abiertas viven el ciervo de labios blancos, ovejas enanas y el serau.

Tigre de Amur
El tigre de Amur, también llamado tigre siberiano o del nordeste de China, es el mayor y más claro de las cinco subespecies que existen, y el mejor adaptado al frío. Las cuatro subespecies que viven en China están amenazadas: quedan allí menos de 30 tigres de Amur. Algunos más viven en Corea, y su mejor reducto son los bosques de pinos, robles y abedules de Sijote-Alin, en el nordeste de Rusia, donde se cuentan varios centenares. Cazan jabalíes, ciervos y alces.

El bosque perdido

Al oeste de China, en Sichuán, los altos montes del Himalaya se convierten en un paisaje de altas mesetas, cuencas llanas y profundos barrancos. Las inclinadas laderas están permanentemente cubiertas de niebla, y esta humedad permite que crezcan espesos bosques. Lo más interesante es que las grandes diferencias de altitud crean una enorme variedad de tipos de bosque, desde la selva subtropical de los valles hasta el bosque alpino de la alta montaña. Esta diversidad ofrece nichos* a una amplísima variedad de animales, que hacen de China Occidental uno de los hábitats más especiales del mundo.

Adaptación al bosque: la mano del panda

El panda gigante está emparentado con los carnívoros, pero se ha adaptado a una dieta vegetariana. Vive en bosques de bambú por encima de 1.400 m de altitud, y se alimenta exclusivamente de brotes de bambú. Para poder sujetarlos con eficacia, la mano del panda ha desarrollado un "pulgar" suplementario a los cinco dedos.

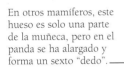

En otros mamíferos, este hueso es solo una parte de la muñeca, pero en el panda se ha alargado y forma un sexto "dedo".

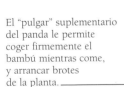

El "pulgar" suplementario del panda le permite coger firmemente el bambú mientras come, y arrancar brotes de la planta.

El panda pasa de 12 a 14 horas comiendo. Para ello, se sienta, pues esto le permite usar las manos para sujetar el bambú mientras lo mastica.

Niveles de vida

En todas partes del mundo, la temperatura desciende con la altitud de las montañas. Pero el bosque de Sichuán tiene dos particularidades: una es la variedad tan evidente de seres vivos de cada piso*, y la otra, que Sichuán es una encrucijada donde se encuentran los animales de la región tropical de Asia con los de la región paleártica (Europa y el norte de Asia). Además, el aislamiento de los valles profundos ha permitido a ciertos animales de clima frío, como las musarañas topo, evitar la competencia y sobrevivir al tiempo que sus congéneres desaparecen en el resto del mundo. Los distintos niveles proporcionan nichos para toda esta variedad de animales. La ilustración muestra algunos de los animales que viven en cada piso. Algunos, como la cotorra rizada, viven en un solo piso; otros se distribuyen en varios.

Ciervo almizclado

El ciervo almizclado mide apenas 1 m de alto, y vive en los bosques de bambú. En vez de astas, el macho tiene dos largos colmillos con los que combate con otros machos. Este tipo de ciervo ha sido muy perseguido por el almizcle que el macho segrega, que se usa para hacer perfumes.

Oso negro asiático

Panda gigante

Faisán plateado

Serreta

Tigre del sur de China

Mono dorado

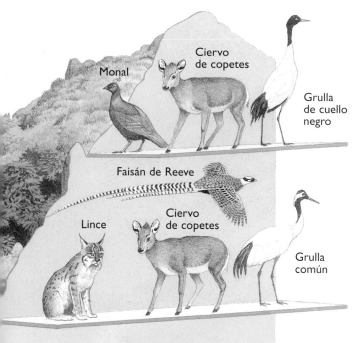

Monal

Ciervo de copetes

Grulla de cuello negro

**Zona alpina
(sobre los 4.000 m)**
En lo alto hay praderas de montaña, de vegetación más escasa cuanto mayor sea la altitud. Donde comienzan las nieves perpetuas solo hay roca desnuda.

Faisán de Reeve

Lince

Ciervo de copetes

Grulla común

**Matorral de rododendros
(de 3.000 a 4.000 m)**
En la parte alta de las laderas el clima es demasiado frío y seco hasta para las coníferas, y el bosque se transforma en matorral de rododendros.

Faisán de Reeve

Lince

Ciervo de copetes

Muntíaco

Takín

**Bosque templado frío
(de 2.000 a 3.000 m)**
En este piso, el bambú es sustituido por macizos de rododendros y azaleas, y las coníferas se hacen más escasas y comienzan a atrofiarse.

Tragopán

Serau

Goral

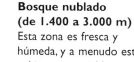

**Bosque nublado
(de 1.400 a 3.000 m)**
Esta zona es fresca y húmeda, y a menudo está cubierta por niebla y nubes bajas. Aquí, los robles dejan paso a los pinos y abetos que crecen apretados, mezclados con altos tallos de bambú, de rápido crecimiento.

Grulla damisela

Cotorra rizada

Serau

Goral

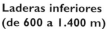

**Laderas inferiores
(de 600 a 1.400 m)**
En el pie de las montañas hay una gran mezcla de árboles latifolios perennes y deciduos, sobre todo robles. Aquí y allá, encontramos árboles primitivos, como el ginkgo y la falsa secuoya.

¡Fauna en peligro!

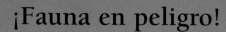

Caimán chino
El gran río Yangtse y algunos otros ríos de China son el hábitat del caimán chino. A medida que los asentamientos humanos se han extendido por los ríos, la supervivencia del caimán se ha visto más amenazada. Hoy quedan menos de 500 en estado salvaje.

Panda gigante
El panda gigante es el más querido de los animales en China. Pero su hábitat ha sido destruido por agricultores y madereros, y su baja tasa de reproducción lo hace muy vulnerable. Quedan menos de 1.000 en estado salvaje, que se intentan salvar con medidas de protección muy drásticas.

Tigre del sur de China
El tigre del sur de China fue perseguido por el control de plagas del gobierno hasta 1960, y hoy es la subespecie más rara que hay, con apenas 20 individuos en estado salvaje y unos 50 cautivos. Los expertos creen que es muy difícil evitar su extinción.

Bosques templados de Australasia

El extremo sur de Australia, la isla de Tasmania y el norte de Nueva Zelanda son tan húmedos que, en ciertas zonas, crece la selva lluviosa, aunque esta es templada, y no tropical por la zona en la que se encuentra. En las costas orientales, la tierra es más cálida y seca, y crecen bosques de eucaliptos. Cada región tiene una fauna característica, y cada isla cuenta con especies únicas gracias a su aislamiento.

GOLFO DE CARPENTARIA

TIERRA DE ARNHEM

MESETA DE BARKLY

MESETA DE KIMBERLEY

CORDILLERA DE MACDONNELL

DESIERTO DE SIMPSON

GRAN DESIERTO DE ARENA

DESIERTO DE GIBSON

GRAN DESIERTO VICTORIA

Suroeste de Australia
Los bosques cálidos y húmedos del suroeste están llenos de pájaros como el lorito de cuello anillado y el pico espinoso. También viven allí los canguros rata, y los diminutos ratones marsupiales. El animal más escaso es el galápago occidental.

Koala

El koala es uno de los animales más conocidos de Australia. Es nocturno, y su alimentación depende por entero de una especie determinada de eucalipto. Su supervivencia llegó a estar en peligro por la destrucción de sus bosques nativos, pero hoy el koala y su hábitat están protegidos, y el número de estos marsupiales se está recuperando.

Insectos
Nueva Zelanda tiene unas 18.000 especies de insectos; muchos son nativos, entre ellos cientos de especies de escarabajos. Otros llegan desde Australia barridos por el viento a gran altitud, como la dama pintada y otras mariposas.

Tuatara

El tuatara es un reptil grande y robusto. Parece un lagarto, pero pertenece a un grupo completamente distinto que evolucionó separadamente de los lagartos actuales, hace 200 millones de años. Las dos únicas especies viven en Nueva Zelanda. Pueden variar la temperatura de su cuerpo para soportar el frío, algo insólito entre los reptiles, y viven mucho: hasta 100 años.

Mamíferos ramoneadores
Entre las ramas de los eucaliptos de las zonas montañosas del sur de Australia y en Tasmania saltan y trepan ágiles marsupiales como falangeros, zarigüeyas de cola de pincel y el falangero volador grande, que puede saltar desde un árbol y planear hasta 100 m.

Avispa cazadora

Las avispas cazadoras cazan otros insectos o arañas para alimentar a sus larvas. Inmovilizan a sus presas con su aguijón venenoso. Hay unas 4.200 especies en el mundo, y la mayoría son de color negro azulado. Sin embargo, la especie de Nueva Zelanda es dorada.

Reptiles y anfibios
Las ranas de Nueva Zelanda pertenecen a un grupo primitivo llamado *Leiopelma*, que ha cambiado poco en 70 millones de años. En los bosques del sureste de Australia viven la tortuga de cuello de serpiente, la serpiente tigre y el geco cornudo.

Aves voladoras

En los eucaliptales, los melífegos, que comen insectos en la corteza de los árboles, son el equivalente de las aves canoras del norte. Otras aves son los pardalotes, el chorlito enmascarado, la cacatúa negra, los robines y el arrendajo negro.

Rosella carmesí

La rosella carmesí es una de las tantas especies de loros de la región. Vive en los bosques de eucaliptos del sudeste de Australia, pero algunos ejemplares domésticos escaparon de sus jaulas y colonizaron los parques de Wellington (Nueva Zelanda). La rosella verde vive en Tasmania. El lorito vencejo cría en esta isla, pero migra a Australia.

Grillos y saltamontes

En Nueva Zelanda no hay ratones nativos, y su nicho en los bosques lo ocupan unos grillos llamados uetas, y otro tipo de saltamontes, comunes en los bosques montañosos de la isla del Sur. Los saltamontes de montaña llegan a medir 3 cm.

Ueta

La palabra "ueta" es abreviatura de *wetapunga*, nombre maorí del ueta gigante, que significa "dios de las cosas feas". En Nueva Zelanda hay más de 100 especies de ueta, además del gigante. Los uetas pasan el día en agujeros de los árboles, asomando las patas espinosas. Los uetas terrícolas viven en túneles del suelo.

Sureste de Australia
Entre los eucaliptos y los árboles de corteza rugosa viven aves extraordinarias, como el ave lira y el cucaburra, y muchas especies de marsupiales, como el koala, el bandicut y el uómbat.

Río Darling

Río Murray

Tasmania
Separada del resto de Australia, esta isla alberga especies únicas, como el demonio de Tasmania y el dasiuro, y otras más extrañas, como la zarigüeya pigmea y el ornitorrinco.

Mamíferos ramoneadores

En Nueva Zelanda, los únicos mamíferos ramoneadores son especies introducidas, como el ciervo y el rebeco. Pero en Tasmania y el sureste de Australia viven marsupiales como canguros, ualabíes y potorús.

Potorú

El potorú se parece más a un ratón gigante que a los canguros, pero está emparentado con estos y salta sobre sus patas traseras. Su comida favorita son los hongos subterráneos, que extrae con las patas anteriores, pero también come bulbos, raíces e insectos. A veces realiza una incursión nocturna en los jardines y estropea los parterres al buscar hongos e insectos.

NUEVA ZELANDA

Isla del Sur
En sus bosques viven campaneros, tuits, el kiwi Okarito y el diminuto chochín de Nueva Zelanda.

Isla del Norte
Entre los altos cauríes vive el kiwi y dos extraños loros, el kakapó y el kaka.

Cucaburra

Famoso por su ruidoso grito parecido a la risa, el cucaburra vive en las zonas de matorral del este de Australia. Es el mayor de la familia del martín pescador, pero no come peces, sino lagartijas, culebras, pequeños mamíferos y ranas. A menudo golpea a sus víctimas contra una roca para matarlas.

Mamíferos depredadores

Los únicos depredadores de Nueva Zelanda fueron introducidos: gatos, perros y armiños. Desde que desapareció el lobo marsupial en 1930, en Tasmania solo hay pequeños cazadores como el dasiuro, el bandicut y el demonio de Tasmania.

Demonio de Tasmania

Su grito estremecedor, el pelaje negro y un aspecto fiero le hicieron ganarse tal nombre a este pequeño mamífero. Tiene mandíbulas fuertes para partir huesos, que come junto con la carne y la piel. Pero no es un cazador: come cadáveres de animales que encuentra muertos.

Aves rapaces

Además del halcón de karearea, en Nueva Zelanda hay muy pocas rapaces, pero los cuervos introducidos roban pollos de otras aves. En cambio, los bosques abiertos de eucaliptos de Australia y Tasmania proporcionan abundante caza al águila audaz, al milano silbador y a otras rapaces.

Ave lira soberbia

El ave lira soberbia es una de las dos especies de aves lira que viven en los bosques de eucaliptos. Principalmente, come insectos del suelo. Durante el cortejo, el macho ondea su hermosa cola, cuya forma recuerda una lira. Luego comienza a imitar con exactitud cualquier sonido que escuche, desde el canto de otras aves cercanas al ruido de una sierra mecánica.

Aves terrestres

La ausencia de enemigos ha permitido que vivan en Nueva Zelanda muchas aves que han perdido la capacidad de volar, como el kiwi, el kakapó, el takahe, el estornino ensillado y el pájaro costurero. La mayoría de las aves terrestres de Tasmania, como el faisán, han sido introducidas.

Seguridad en el suelo

Los dos aspectos más notables de la fauna de Nueva Zelanda son la escasez de mamíferos nativos, además de dos especies de murciélagos, y la abundancia de aves no voladoras, como el kiwi y el kakapó. No hay mamíferos porque las islas neozelandesas se separaron del resto de los continentes y quedaron aisladas hace 190 millones de años, mucho antes de que los mamíferos se desarrollaran realmente en otros lugares. Sin mamíferos depredadores, las aves de Nueva Zelanda dependían mucho menos del vuelo, y evolucionaron distintas especies no voladoras. Estas aves vivieron seguras hasta la llegada del ser humano, que trajo consigo a los gatos y a otros depredadores. Hoy, la mayoría de estas aves se han extinguido o están amenazadas.

Aves no voladoras

Cada continente del hemisferio sur tiene su propia ave no voladora: el ñandú en Suramérica, el avestruz en África, el casuario en Nueva Guinea, el emú en Australia y el kiwi en Nueva Zelanda, donde también vivía el extinto moa. Es probable que estas aves, llamadas ratites, se parezcan porque tienen un antepasado común, que evolucionó cuando los continentes estaban unidos hace unos 100 millones de años. Pero algunos expertos creen que las aves de Nueva Zelanda son distintas, y perdieron la capacidad de volar cuando las islas quedaron separadas del continente primitivo.

Ave elefante (extinta)

Avestruz

Ñandú

Dodo (extinto)

Grandes huevos

El ave más pesada que nunca haya existido fue el ave elefante de Madagascar, *Aepyornis maximus*. Este gigante no volador, que sobrevivió en la isla hasta la llegada de los humanos, tenía 2,7 m de alto y pesaba 450 kg. Sus huevos fósiles son enormes.

Huevo de ave elefante

Huevo de avestruz

Huevo de gallina

Ríos del bosque: el ornitorrinco

Como ocurrió en Nueva Zelanda, el aislamiento ha dotado a Australia de especies únicas, como el ornitorrinco con su pico de pato, pies palmeados y cola de castor. Junto con el equidna, el ornitorrinco es el único monotrema, o mamífero que pone huevos. Los monotremas fueron, probablemente, los primeros mamíferos, y sobrevivieron en Australia aisladamente mucho después de que los mamíferos placentarios dominaran otros lugares.

El ornitorrinco usa su pico para sondear el barro en busca de larvas de insecto y crustáceos.

Las manos del ornitorrinco tienen membranas entre todos sus dedos.

El ornitorrinco pone sus huevos en una madriguera abierta en el banco del río.

72

El continente de Gondwana

Los continentes no son inmóviles, sino que se desplazan muy lentamente por el globo. Hace 100 millones de años, cuando los dinosaurios reinaban en la Tierra y las aves comenzaban a evolucionar, todos los continentes del sur estaban unidos en un gran continente llamado Gondwana.

El ave de Confucio

La primera ave con pico, de 130 millones de años de antigüedad, es el *Confuciusornis*, cuyos fósiles se hallaron en Liaoning, China.

Gondwana comenzó a partirse hace 60 millones de años.

Aves no voladoras de Nueva Zelanda

Hasta la llegada de los seres humanos, en Nueva Zelanda vivían el moa gigante, *Dinornis maximus*, de 4,5 m de alto, y otro moa menor, *Emeus crassus*. El kiwi es el último superviviente de los moas. Nueva Zelanda tiene otras aves no voladoras que no están relacionadas con los moas, como el kakapó –el único loro no volador del mundo–, el weka y el takahe.

Casuario

Emú

Kakapó

Moa gigante, *Dinornis maximus* (extinto)

Moa, *Emeus crassus* (extinto)

Weka   Takahe   Kiwi

Koala

Entre los animales propios de Australia está el koala. Aunque parece un osito de peluche, no está relacionado con los osos. En realidad es un marsupial, y las hembras tienen una bolsa, o marsupio. Aunque la bolsa se abre hacia abajo, los pequeños koalas no parecen caerse nunca, y eso que sus madres trepan con energía por los árboles. El koala se alimenta exclusivamente de hojas de eucalipto; duerme de día, y come por la noche. Como no bebe (pues obtiene el agua que necesita de los alimentos), nunca le hace falta descender de las ramas.

¡Fauna en peligro!

Kakapó

El kakapó, un ave de Nueva Zelanda que no vuela, es el mayor loro del mundo, tan grande como una gallina, y el más amenazado. Quedan menos de 100, que han sido llevados a pequeñas islas en la costas de Nueva Zelanda para preservarlos de los gatos y perros.

Dasiuro

El dasiuro, o gato tigre, es un pequeño cazador nocturno que caza lagartos, pájaros y pequeños mamíferos. Se ha visto muy perjudicado por la llegada de los perros y los gatos a Australia. Desapareció de este continente en 1960, y hoy sobrevive sólo en Tasmania.

Ueta gigante

Este insecto neozelandés es un gigante que alcanza los 10 cm de largo, y pesa hasta 70 g. La introducción de las ratas y los armiños en las islas principales ha llevado a esta y otras especies de uetas casi a la extinción. Hoy sobreviven en las montañas y en islas del exterior.

Praderas templadas

Hace siglos, unas inmensas praderas cubrían gran parte del interior de Norteamérica y de Asia. Aquí, lejos de las costas y del viento húmedo, el aire es muy seco para que crezcan los árboles, pero llueve y nieva bastante para nutrir la hierba cada primavera. Muchas de estas grandes áreas han sido sustituidas por cultivos, pero todavía queda buena parte del hábitat natural.

•

Vista de lejos, la pradera puede parecer un lugar monótono y desolado para los animales. Incluso en los días tranquilos del verano, la hierba se mece con la brisa; con las nieves del invierno, la ventisca barre sin contención las llanuras.

•

Sin embargo, la hierba tiene ventajas ocultas, pues en lugar de crecer por los extremos, como el resto de las plantas, la hierba lo hace por la base, y los herbívoros pueden alimentarse de ella causando un daño mínimo. Estos, que ante la falta de escondites se protegen en grandes rebaños, tienen alimento en abundancia.

La hierba forma raíces profundas que ablandan el suelo, beneficiando a los animales excavadores. Así, la plácida superficie oculta una incesante actividad de seres que comen, duermen y cavan.

Las praderas templadas...

Estepa oriental

Pradera de Norteamérica

Trópico de Cáncer

Ecuador

Estepa occidental

Trópico de Capricornio

Veld de Sudáfrica

Pampas de Suramérica

... y sus diferencias

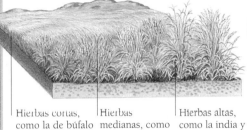

Hierbas cortas, como la de búfalo y la grama azul en sitios secos

Hierbas medianas, como la poa y el trigo del oeste

Hierbas altas, como la india y la azul mayor en sitios húmedos

Estepa arbolada con manzanos silvestres y abetos en zonas húmedas

Laburnos y almendros enanos en sitios secos

Estepa con flores y hierbas, como la juncia y el bromus peludo

Praderas de Norteamérica

En las praderas crecen cientos de especies de hierbas y, a medida que las precipitaciones disminuyen hacia el oeste, la pradera cambia. En las altas y secas llanuras del oeste crecen hierbas cortas, como la hierba de búfalo y la grama azul, de menos de 50 cm de altura. Más al este hay una pradera donde crecen hierbas como la poa, de 1,5 m de alto. En el húmedo este, donde quedan restos de pradera, crecen especies altas como la hierba india y la azul mayor, de hasta 3 m de altura.

Estepas de Asia

Las estepas asiáticas se extienden más por el continente que las de América, y son muy secas en el este. Por eso las hierbas que crecen aquí, como el espolín y la festuca, son cortas, y a esta pradera se le llama estepa. Donde la tierra es ondulada y tiene pequeñas depresiones que retienen el agua crecen árboles aislados, como el laburno y el almendro enano. En el oeste, más húmedo, crecen macizos de frutales silvestres y abetos, creando lo que se conoce como estepa arbolada.

Los ambientes

Lejos de la costa, las praderas templadas tienen un clima continental con extremos entre las estaciones. Los veranos son templados y húmedos, con temperaturas de 18 °C; los inviernos son fríos y secos, con una media de 10 °C. El promedio de lluvias es de 250-500 mm al año.

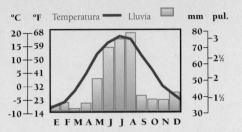

°C °F   Temperatura — Lluvia   mm pul.
20 — 68   80 — 3
15 — 59   70
10 — 50   60 — 2½
5 — 41   50 — 2
0 — 32   40 — 1½
-5 — 23
-10 — 14   30
E F M A M J J A S O N D

Lluvia y nieve

Casi toda la lluvia cae en verano de nubes de tormenta, pero gran parte del agua viene de la nieve del invierno. Esta actúa como una reserva disponible al comenzar la época de crecimiento.

Estepas rusas

Como las praderas, las estepas son lugares de gran belleza en primavera, cuando se funden las nieves y el sol calienta el suelo húmedo. Entonces, una alfombra de flores cubre la tierra: incontables tulipanes la tiñen de rojo, y la artemisa, de azul celeste.

Las Grandes Llanuras

A finales de verano, las tormentas son frecuentes en la pradera, y muchos árboles solitarios se incendian con los rayos. Pero más amenazantes son los tornados, remolinos de viento que lanzan al aire lo que hallan a su paso.

Praderas templadas de Norteamérica

Antes de que llegaran los europeos, las praderas del centro y oeste de Norteamérica eran un mar interminable de hierba ondulante por el que vagaban las manadas de bisontes. Gran parte de aquella pradera se ha convertido hoy en tierras de cultivo, pero siguen quedando áreas salvajes. El bisonte y otros grandes animales ya no viven en ellas, pero sí otros mamíferos, aves e insectos.

El Valle Central de California es famoso por su floración de amapolas de California. Los grandes herbívoros, como el berrendo, o antílope americano, el uapití y el ciervo mulo conviven con mamíferos más pequeños, como las ratas canguro y los espermófilos.

Halcón de la pradera

El halcón de la pradera es un ave de vuelo muy veloz, que caza en terrenos abiertos. Puede volar en horizontal a 70 km/h, pero esa velocidad se puede triplicar cuando se lanza en picado sobre una presa, a veces desde 1.000 m de altura. Caza roedores, como perrillos de las praderas y ardillas listadas, y pájaros, como alondras cornudas, ruiseñores azules, bisbitas y palomas.

Aves rapaces

Los pequeños mamíferos han de salir con frecuencia de sus madrigueras. En la superficie, con poca vegetación donde ocultarse, son objetivo fácil para las rapaces como el ratonero ferruginoso, el halcón de la pradera, el ratonero de Swainson, el milano del Misisipi, el aguilucho y el águila real.

Perrillo de las praderas

Aunque los exploradores franceses los llamaron *petits chiens* (perrillos), estos animales son en realidad roedores. Viven en grandes colonias subterráneas con numerosos túneles. En otro tiempo llegó a haber 500 millones de perrillos en las praderas, pero la agricultura ha diezmado su número.

Aves terrestres

Al no haber escondites, las aves deben ser buenas voladoras para escapar, y las aves terrestres son escasas: aquí solo viven el gallo de las praderas y el gallo prudente. En el pasado vivían en enorme número, pero la agricultura los ha reducido hoy a pequeños grupos.

Pequeños mamíferos

Casi todos los pequeños mamíferos de la pradera son excavadores. Además de conejos y liebres hay muchos roedores, como espermófilos, o ardillas de tierra; la rata de abazones, o tuza; el topillo de las praderas, ratones de bolsas, ratones de las cosechas y ratones ciervo.

Reptiles

El frío invierno de la pradera limita la presencia de reptiles, que viven en madrigueras. Hay lagartos de cuernos cortos, lagartos de la artemisa y de las praderas, y serpientes corredoras y de cabeza de cobre.

Gallo de las praderas

Los gallos de las praderas comen hojas, frutos y semillas; en verano también cazan saltamontes. En el cortejo, los machos acuden a un terreno de exhibición. Allí, cada macho hincha los sacos de su cuello y emite un canto muy sonoro. Luego, comienza a pavonearse por el terreno e intenta superar con su exhibición a los machos rivales.

Serpiente de las tuzas

Esta serpiente vive en madrigueras y caza ratones y tuzas, a los que mata ahogándolos entre sus anillos. Se aparea en primavera, y la hembra pone los huevos en una madriguera.

Mamíferos herbívoros

En otro tiempo, unos 70 millones de bisontes formaban inmensos rebaños en las praderas; hoy quedan varios miles en reservas. Actualmente, encontramos berrendos y ciervos mulos, que dependen más de su velocidad que del gran número para protegerse.

La pradera de hierba corta del norte
se extiende desde Alberta hasta Wyoming. Es la mayor pradera de Norteamérica y alberga una gran variedad de animales, como los ciervos mulo de cola blanca y de cola negra, pumas, linces rojos y también aves como el ratonero ferruginoso, el gallo prudente y el chorlito de montaña.

Las colinas de Flint y Osage
son la última zona de pradera de hierba alta. En otro tiempo vivían allí manadas de bisontes y uapitíes. El gallo de las praderas todavía abunda.

La pradera de hierba corta occidental
se extiende desde Nebraska hasta Nuevo México y allí viven bellas mariposas, aves y mamíferos, como el perrillo de las praderas.

Mamíferos depredadores

Los rebaños de bisontes que vagaban por las praderas intimidaban incluso a los grandes depredadores. Los actuales depredadores son pequeños. Los zorros, coyotes y linces cazan roedores que se aventuran a salir de su madriguera. El turón los caza dentro de la misma.

Hormiga recolectora

Estas hormigas construyen hormigueros enormes, y mueven tanta tierra como las lombrices. Comen semillas y, al encontrar abastecimientos, dejan un rastro oloroso para guiar a las otras.

Aves voladoras

En verano muchos pájaros como el zarcero amarillo, el colirrojo americano y el gorrión vespertino vuelan hacia el sur para comer insectos y otros invertebrados que salen de la tierra. Otros, como los carboneros y el tirano oriental, permanecen allí todo el año.

Sabanero oriental

El sabanero, o estornino de las praderas, que anida en el suelo, está bien adaptado al verano de la pradera. Mientras camina, agita su cola y sondea la hierba en busca de lombrices y otros animalillos. En primavera, el macho corteja a la hembra mostrando su pecho amarillo mientras dirige su pico al cielo. Defiende su territorio con un canto rico y gorgeante.

Berrendo

El berrendo parece un pequeño antílope, pero es el único representante de una familia diferente, la de los antilocápridos. Es uno de los mamíferos más veloces, pues alcanza los 65 km/h. En invierno busca protección en rebaños de 1.000 cabezas o más; en verano vive en pequeños grupos.

Invertebrados

El suelo de la pradera rebosa de vida diminuta: hormigas recolectoras, nemátodos y lombrices. En verano, la superficie se llena de insectos. Zumban las abejas y corretean escarabajos tigre, mientras la dorada de manchas blancas y otras mariposas revolotean, y cantan los grillos y las chicharras. En invierno, algunos insectos migran; otros lo pasan en forma de pupa, y otros se entierran.

Sapo de espuelas occidental

Los sapos de espuelas pasan fácilmente desapercibidos porque permanecen enterrados mucho tiempo, y salen por la noche a buscar insectos. Las "espuelas" son unas callosidades que tienen en los talones que utilizan para cavar en el barro. A diferencia de otros sapos, los ojos de esta especie tienen pupilas alargadas y verticales.

Anfibios

La fusión de las nieves y las primeras lluvias de primavera dejan charcas someras entre las hierbas y matas de la pradera. En ellas ponen sus huevos los anfibios, como la rana leopardo de las praderas, el sapo de Wyoming, el sapo boquiestrecho de las Grandes Llanuras y el tritón manchado.

Lince rojo

El lince rojo es del tamaño de un perro mediano, algo más pequeño que otros linces, pero con las manchas negras más marcadas. Está muy difundido desde los desiertos de México hasta los bosques del norte de Canadá. Caza conejos en el sur y liebres en el norte, pero en invierno puede atacar incluso a los ciervos.

Cazar en la pradera

La vida no se reparte uniformemente en la pradera. Más bien se agrupa en zonas especiales, como ríos y manantiales, árboles aislados o valles protegidos. Pero los sitios más poblados de todos son las colonias de perrillos de las praderas. Estos animales son lo que se llama una especie *clave* –una especie que es fundamental para el bienestar de otros animales del mismo hábitat– y han influido más en la estructura de la pradera que ninguna otra criatura. Cerca de sus colonias se han visto más de 200 especies distintas, y el hábitat o la alimentación de muchas de ellas dependen del perrillo de las praderas.

Una ciudad en la pradera

La "ciudad" de perrillos de las praderas es una enorme madriguera formada por una compleja red de túneles en la que viven miles de animales. Muchas especies se refugian en los túneles, desde ratones ciervo a salamandras. La cava incesante de los perrillos tiene un efecto benéfico para el suelo y para las plantas. La cosecha de alimento y las deposiciones de los perrillos estimulan aún más el crecimiento de las plantas, y una rica mezcla de gramíneas y plantas de hoja ancha sostienen a los herbívoros, como el bisonte. Los perrillos son también presa de zorros y ratoneros.

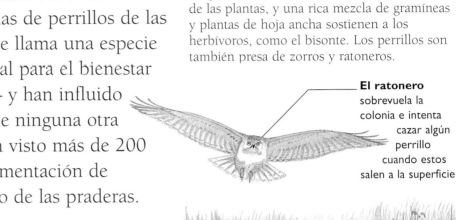

El ratonero sobrevuela la colonia e intenta cazar algún perrillo cuando estos salen a la superficie.

Adaptación a la pradera: la tierra de mariposas

La pujante primavera y las flores de verano en la pradera atraen a numerosas mariposas, entre ellas doradas, piéridos (o "blancas"), satíridos, licenas, colias y atalantas. Cada especie tiene una planta favorita. Las orugas suelen comer hojas tiernas, mientras que los adultos liban el néctar de las flores. Pero muchas mariposas comen en la misma planta que sus orugas, como la monarca, que se alimenta en el algodoncillo.

Una de las mariposas más comunes en la pradera, la dorada de manchas blancas, se alimenta de centaurea, vencetósigo y eupatoria.

La oruga de la *Junonia* se alimenta de llantén mayor, pero la mariposa adulta prefiere el áster, la centaurea y la achicoria.

La colias liba el néctar de las flores de áster, dondiego de día y lantana, mientras que sus orugas comen plantas de arándanos.

El coyote suele acechar en la "puerta trasera", por la que escapan los perrillos cuando un tejón comienza a excavar en la entrada.

Los perrillos de las praderas comen en la superficie durante el día, pero usan sus madrigueras para escapar de los depredadores, para dormir y para criar a sus pequeños.

El hurón de patas negras come casi exclusivamente perrrillos de las praderas. Al ser tan delgado, se puede deslizar por los túneles y llevar a su víctima a una parte de la madriguera.

El conejo de cola de algodón vive en las madrigueras que abandonan los perrillos. La comida de uno y otros es la misma, y si el conejo sale de día, los perrillos lo ahuyentan.

Bisonte americano

Estos enormes herbívoros comen hierba de trigo, hierba de búfalo y otras gramíneas. Se les llama a menudo búfalos, pero este nombre corresponde a animales de Asia y África. Decenas de millones de bisontes murieron tras la llegada de los europeos a América y, hacia 1880, la especie estaba al borde de la extinción. Los esfuerzos por recuperarlo han tenido éxito, y hoy viven unos 125.000 repartidos en varias reservas.

Al bisonte americano le gusta la hierba fresca, que crece mejor por la "poda" que hacen los perrillos de las praderas. El bisonte se revuelca en el polvo para deshacerse de los insectos.

El zorro veloz caza los perrillos de las praderas que se entretienen comiendo cuando anochece.

El ruiseñor azul se alimenta en invierno de insectos que se refugian en las colonias de perrillos de las praderas. Planea sobre los agujeros, o se posa cerca al acecho.

El tejón americano excava en las madrigueras de los perrillos por la noche para sorprenderlos durmiendo. Los perrillos escapan por una "puerta trasera".

Al chorlito de montaña le gusta anidar en la hierba corta que dejan los perrillos al mordisquearla, y sobre todo en la tierra desnuda que dejan al cavar.

La salamandra tigre occidental es uno de los muchos anfibios que se benefician del cobijo que les ofrece la "ciudad" de los perrillos.

El mochuelo excavador anida en viejas madrigueras de los perrillos. Cuando se alarman, sus pollos imitan el sonido del crótalo.

El crótalo de pradera puede entrar en las madrigueras y cazar alguna cría de perrillo, pero los adultos se unen para ahuyentarla.

El tejón suele establecer su morada en la madriguera que ha abierto para capturar a los perrillos.

¡Fauna en peligro!

Hurón de patas negras

Este es el mamífero más amenazado de Norteamérica. Su dependencia del perrillo de las praderas para comer es tal que el exterminio del perrillo causado por los granjeros redujo su número a solo 18 en 1985. Criados en cautiverio, hoy hay unos 300.

Zorro veloz

El zorro veloz se llama así porque puede correr a 65 km/h, y por su pequeño tamaño (el de un gato doméstico) parece que corre aún más deprisa. Estos zorros murieron con el veneno que estaba destinado a los coyotes y perrillos de las praderas. En Canadá ha desaparecido, y es muy raro en Estados Unidos.

Pradera de hierba alta

Esta pradera era antes uno de los paisajes más bellos de Norteamérica, con hierbas que crecían "tan alto como el ojo de un elefante" y con profusión de flores, aves canoras e insectos. Hoy apenas queda este tipo de pradera, al ser utilizado su fértil suelo para cultivar.

Pradera de Norteamérica

Hasta finales del siglo XIX, una gran parte del noreste de Wyoming era una región salvaje, donde manadas de bisontes vagaban por una pradera que se extendía hasta donde alcanzaba la vista. Hoy, ha desaparecido en gran medida para dejar lugar a los ranchos ganaderos. No obstante, quedan amplias áreas de pradera en las llanuras elevadas y colinas de la Cuenca de los Truenos. Los inviernos son duros, pues la temperatura cae hasta −10 °C, pero hacia junio vuelve el calor, y la brisa es más suave. La hierba está fresca y verde en esta época, incluso la grama corta y la hierba de búfalo en las laderas y cimas de las colinas más secas. Aquí y allá llaman la atención las coloridas manchas de flores de áster, vencetósigo y escrofularia. En este paraje silvestre aún viven el berrendo, el uapití y el ciervo mulo junto al perseguido perrillo de las praderas, y aves como el gallo de las praderas, el gallo prudente y las chachalacas de los llanos.

Una mañana en la pradera

No hace mucho que ha salido el sol sobre la pradera, y el rocío aún cubre la hierba en las hondonadas. En una loma cercana, un pequeño rebaño de bisontes pasta la hierba de búfalo. Los terneros permanecen junto a las hembras, y los machos jóvenes están un poco más alejados. Una pareja de perrillos asoma el hocico por la madriguera para olfatear el aire fresco de la mañana.

•

En la distancia, una manada de berrendos salta ágilmente por la hierba, entre una nube de polvo. En lo alto, un ratonero de cola roja vuela silencioso en círculos, escudriñando el suelo para lanzarse sobre algún perrillo de las praderas desprevenido. A lo lejos, una bandada de chambergos se dirige hacia el norte, mientras que algo más cerca, un sabanero oriental asoma entre la hierba, llenando el aire con su canto.

•

Dos mariposas doradas de manchas blancas liban néctar de flor en flor, una pareja de espermófilos de trece bandas corretea y una liebre de California asoma la cabeza. Una culebra se desliza entre las hierbas mientras una musaraña disfruta con una lombriz, y las hormigas recolectoras parten a buscar comida.

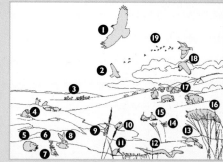

CLAVE

1 Ratonero de cola roja
2 Sabanero oriental
3 Berrendo
4 Perrillo de las praderas
5 Tuza
6 Hormiga recolectora
7 Escarabajo pelotero
8 Liebre de California
9 Saltamontes
10 Mochuelo excavador
11 Musaraña de cola corta
12 Culebra
13 Espermófilo de 13 listas
14 Dorada de manchas blancas
15 Gallo de las praderas
16 Coyote
17 Bisonte americano
18 Alondra cornuda
19 Chambergo

Praderas templadas de Eurasia

Las estepas de Asia forman un mar interminable de gramíneas, como el espolín y la cañuela, mecidas por el viento. Estas tierras ocupan una cuarta parte del mundo. Son más desoladas en invierno que las praderas –sobre todo la estepa oriental, más allá de los montes Altai–, pero florecen profusamente en verano. Miles de pequeños mamíferos aguantan el invierno bajo tierra para aprovechar al máximo su botín de verano, época en la que aparecen muchas más aves y mamíferos herbívoros en las estepas.

Mamíferos ramoneadores
La estepa es uno de los últimos reductos del jabalí, que busca alimento en áreas amplias, hozando el suelo con su morro en busca de tubérculos y bulbos. Vive sobre todo en la estepa boscosa, donde el alimento es más variado. Aquí también vive el tejón.

Tejón común
El tejón común de Eurasia es un animal fácil de reconocer por su hocico largo y rayado en blanco y negro. Vive en grupos familiares, en tejoneras con docenas de entradas: el récord son 200. Por la noche sale a cazar lombrices, insectos y cualquier cosa que llame su atención, y suele recorrer siempre la misma ruta.

Aves voladoras
Muchas aves vuelan en primavera hacia las estepas para aprovechar la abundancia de insectos. Entre ellas hay cogujadas, pinzones, estorninos y oropéndolas. El carbonero común y la carraca permanecen allí todo el año.

Gato de Pallas
El gato de Pallas es un depredador no más grande que un perro pequeño, con 60 cm de largo. Es un animal huidizo y solitario que vive en cuevas y oquedades rocosas, o en madrigueras robadas a otros animales, como marmotas. Duerme de día y sale por la noche a cazar pájaros y pequeños mamíferos, como ratones y liebres.

Cogujada
Hay pocos posaderos en la estepa, por lo que la cogujada, como muchos pájaros de la estepa, canta mientras vuela. Su canto es musical y gorgeante, y a menudo imita el de otras aves. Llega en primavera y pasa la mayor parte del verano en el suelo, buscando insectos.

Mamíferos depredadores
Los lobos son más escasos que en otros tiempos, pero otros depredadores, como la marta cibelina, la garduña y el turón siberiano cazan los abundantes roedores. El raro leopardo de las nieves vive en las altas estepas del centro de Asia.

Pequeños mamíferos
Aunque hay pocos refugios, en el suelo de la estepa viven muchos roedores como los susliks (espermófilos de Eurasia), jerbos, jerbillos, marmotas y topillos. También corren por el suelo conejos, liebres y sus parientes, los picas.

Estepa ucraniana
Aquí, donde el bosque se mezcla con la hierba en un clima húmedo, la agricultura ha acabado con gran parte de la pradera. Pero algunas manchas que quedan albergan muchos animales, desde corzas hasta víboras de Orsini.

Estepa de Kirghiz-Kazakh
Esta es la mayor superficie de estepa seca del mundo, hogar de la marmota de la estepa, el pica, el saiga y el zorro corsac; y de muchas aves, como el aguilucho papialbo.

Rata de agua europea
La rata de agua está emparentada con los topillos, más que con ratas y ratones. Nada muy bien y, si vive cerca de un río, cava su madriguera en la orilla, pero también vive en la estepa, lejos del agua. Come sobre todo hierbas y raíces. Puede soportar la sequedad enterrándose en el suelo.

MAR CASPIO

MAR ARAL

CORDILLERA DE PAMIR

Langosta

En las praderas viven miles de especies de ortópteros, algunos de ellos depredadores, como grillos y chicharras, y otros herbívoros, como los saltamontes. Entre estos, los más voraces son las langostas, que forman enjambres. Los enjambres pueden estar formados por miles de millones de langostas, y pueden devorar 100.000 toneladas de materia vegetal en un día.

Insectos

Para la mayoría de los insectos, la hierba es un buen cobijo, y las estepas albergan una enorme variedad de ellos. Entre otros, hay hormigas, escarabajos cantáridos y ciervos volantes. Las flores de primavera atraen miles de especies de mariposas, como la macaón.

Culebra de Pallas

La abundancia de roedores bajo la hierba ofrece una buena caza a la culebra de Pallas. Se mueve despacio y se embosca para capturar a su presa. Cuando está muy cerca de un mamífero, y aunque la hierba lo oculte, puede percibir su calor y localizarlo con exactitud. Mata por constricción, ya que no es venenosa, pero despide un líquido maloliente.

Aves rapaces

Muchas aves rapaces buscan sus presas entre los roedores y reptiles de las estepas. Entre ellas están el aguilucho papialbo, el águila imperial, el pigargo, el águila culebrera, el ratonero calzado y el cernícalo primilla. La agricultura ha hecho que estas especies escaseen.

Águila rapaz

El águila rapaz es algo menor que el águila real, con cerca de 80 cm de largo. Como esta, tiene unas "calzas" de plumas en las patas. Muy diestra en el vuelo, caza roedores y reptiles a los que acorrala con paciencia volando lentamente y a baja altura sobre la hierba. Anida en árboles aislados o en el suelo de la estepa.

Reptiles y anfibios

Las madrigueras de los roedores suelen ser asaltados por reptiles como las víboras y el lagarto corredor de Mongolia, que huye velozmente de sus enemigos en la superficie. Las charcas efímeras de primavera se llenan de ranas que, en el calor del verano, se entierran en el barro.

Saiga

El saiga es el equivalente en la estepa del berrendo de la pradera americana. No es un verdadero antílope, aunque a veces recibe ese nombre. Se caracteriza por la corta trompa que forma su nariz por encima de la boca. Vive en pequeños rebaños, y se reúne en grupos mayores para migrar.

Mamíferos herbívoros

El raro bisonte europeo solo se ve en la parte más occidental de la estepa, y el alce se aventura hacia el norte. Aquí y allá hay pequeños rebaños de corzos. Todos los inviernos se da una migración espectacular: los rebaños de gacelas de Mongolia bajan de las altas mesetas del Tíbet. En la estepa alta de Asia Central viven la cabra montés y los carneros de las montañas de Tien Shan y de Karatav.

Avutarda

El macho de la avutarda es el ave voladora más pesada, pues alcanza los 18 kg. En primavera, los machos se reúnen en un "campo de exhibición" y hacen el cortejo a las hembras: hinchan el pecho y despliegan su cola y alas, que dejan descubiertas unas llamativas plumas blancas. El resto del año, se mueven por la estepa en busca de plantas para comer.

Meseta de Qinghai-Tíbet

Demasiado fría y remota para la agricultura, la alta estepa montañosa es uno de los pocos grandes ecosistemas que siguen intactos. Aquí viven grandes rebaños de herbívoros, como chirúes, o antílopes tibetanos; gacelas tibetanas, ovejas argali y caballos kiang, así como leopardos de las nieves y linces.

Estepa de Mongolia y Manchuria

Las vastas estepas del este de Asia son una de las áreas de pradera más extensas del mundo. Por ellas vagan inmensos rebaños de gacelas de Mongolia junto con aves, como las avutardas y los chorlitos. En las zonas pantanosas se crían bandadas de cigüeñas blancas orientales y grullas damisela.

Aves terrestres

Hay pocos árboles para anidar en la estepa, pero las avutardas y codornices anidan en la hierba, donde las primeras comen hojas y brotes, y las codornices buscan insectos. Cerca del agua se reúnen grullas, flamencos, zarapitos, malvasías y muchas otras aves.

Vivir bajo la hierba

Es común ver rebaños de grandes herbívoros, como saigas y ciervos, en el campo. Sin embargo, la hierba también sirve de alimento a miles de bocas invisibles: muchos animales excavadores salen a diario para comer hierba, brotes y yemas. Estos pequeños mamíferos (sobre todo roedores, como las marmotas, los susliks y hámsters) desempeñan un papel crucial en el ecosistema de la estepa, sacando anualmente millones de toneladas de suelo fresco a la superficie mientras excavan. Pero deben enfrentarse a depredadores como los turones y las águilas.

Vida subterránea

Para muchos animales de las praderas, el lugar más seguro para estar es bajo tierra. Allí no solo se protegen de los rigores del clima, sobre todo del crudo invierno, sino que también se ocultan de la mayoría de los depredadores. Los principales excavadores de la pradera son los roedores, pero también hay algunos anfibios y reptiles y un gran número de insectos, como las hormigas, así como lombrices y nemátodos.

Hámster vulgar

Adaptación a la pradera: el saiga

El saiga parece soportar las extremas condiciones del clima estepario, tanto el gélido invierno como el verano seco y polvoriento. Entre sus adaptaciones está el largo hocico con los orificios nasales dirigidos hacia abajo. En invierno, le ayuda a calentar el aire que respira antes de que llegue a los pulmones; en verano le sirve para filtrar el polvo del aire.

El hámster dorado vive solitario en madrigueras de 2 m ó más de profundidad. Es agresivo con sus congéneres, y sale pocas veces de su madriguera para comer semillas, frutos secos e insectos.

El léming estepario tiene un pelaje largo e impermeable que cubre incluso sus pies y sus orejas. Este abrigo le permite salir a buscar comida en invierno.

El hámster vulgar tiene unos carrillos dilatables en forma de bolsas, o abazones, en los que almacena semillas cuando la comida es escasa, y así las transporta a su madriguera. Cuando llega el otoño puede tener hasta 10 kg de comida en su despensa.

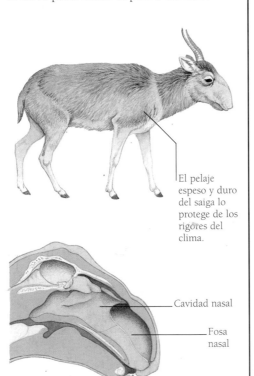

El pelaje espeso y duro del saiga lo protege de los rigores del clima.

Cavidad nasal

Fosa nasal

Grulla damisela

Temprano en las mañanas de verano puede verse a las grullas damisela dando zancadas vacilantes cerca de las charcas y ríos, cogiendo semillas e insectos con su largo pico. Como todas las grullas, las damisela se emparejan de por vida y son famosas por sus gráciles bailes de cortejo, que refuerzan los lazos de la pareja. Aún son abundantes en todo el mundo, pero la agricultura y la caza han reducido su número en la estepa oriental.

El lagarto de cristal
es un lagarto sin patas que parece una pequeña culebra. Si es atacado, su cola (que ocupa dos tercios de su longitud) se parte en varios trozos que se mueven por sí solos. Esto desconcierta al depredador, que no sabe qué parte es el cuerpo.

El suslik europeo
es un pequeño roedor cercano al espermófilo americano. Hace su nido excavando una galería en el suelo. Come sobre todo raíces, semillas y hojas.

La marmota bobac
hiberna en una profunda madriguera durante todo el invierno. Antes de ir a dormir, toma comida en abundancia y almacena grasa en su cuerpo, de la que vivirá en invierno.

El topino meridional
es un topillo bien adaptado para cavar, con un hocico romo, y ojos y orejas diminutos para evitar la arena. Cuando cava, desmenuza la tierra con sus dientes y la echa hacia atrás con sus fuertes patas.

El léming estepario
pasa el verano en madrigueras temporales, de solo 30 cm de profundidad. En invierno vive en madrigueras permanentes, que pueden llegar a estar a 3 m bajo el suelo.

La rata topo desnuda
está totalmente adaptada a la vida subterránea. No tiene cola ni orejas, y sus ojos están cubiertos por una capa de piel. Solo sale a la superfice una vez en su vida, para cavar una nueva madriguera.

¡Fauna en peligro!

Avutarda
En otro tiempo podían verse grandes números de avutardas en la estepa, pero la expansión de la agricultura la ha perjudicado seriamente. Hoy, las cerca de 10.000 aves que viven en Rusia se ven amenazadas por las explotaciones petrolíferas del valle del Volga.

Tigre siberiano
El tigre siberiano es el mayor de todos los félidos, pues llega a medir los 3 m de largo. Antes era común en las estepas boscosas del sureste de Asia. Su último reducto es el bosque de Sijote-Alín, en el este de Siberia, donde viven varios centenares.

Víbora de Orsini
La víbora de Orsini, o de pradera, es la menor de las víboras europeas. A diferencia de otras víboras, es de tendencias nocturnas durante el verano. La pérdida de su hábitat de pradera la ha hecho muy rara en Europa Oriental, pero todavía abunda más al este.

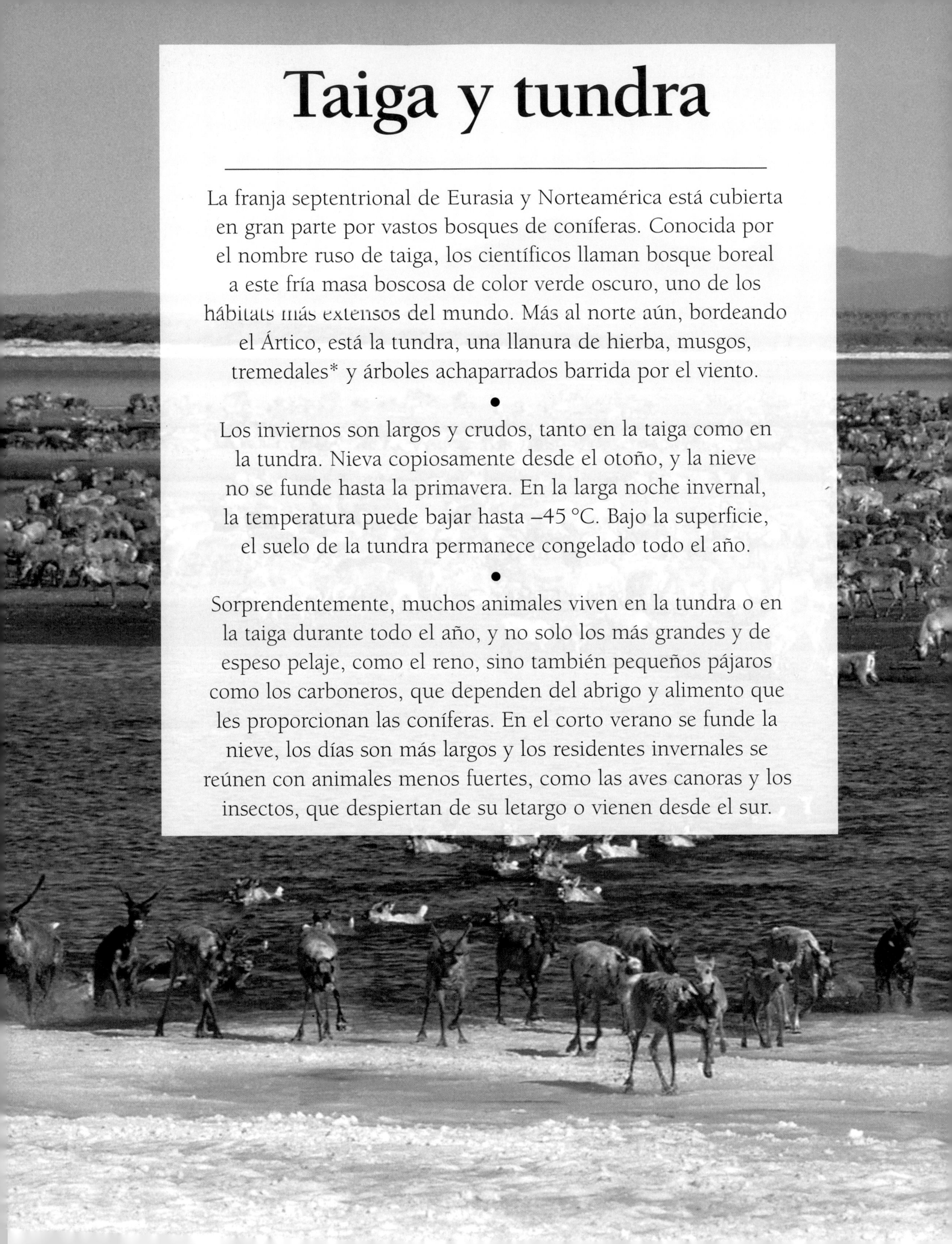

Taiga y tundra

La franja septentrional de Eurasia y Norteamérica está cubierta en gran parte por vastos bosques de coníferas. Conocida por el nombre ruso de taiga, los científicos llaman bosque boreal a este fría masa boscosa de color verde oscuro, uno de los hábitats más extensos del mundo. Más al norte aún, bordeando el Ártico, está la tundra, una llanura de hierba, musgos, tremedales* y árboles achaparrados barrida por el viento.

•

Los inviernos son largos y crudos, tanto en la taiga como en la tundra. Nieva copiosamente desde el otoño, y la nieve no se funde hasta la primavera. En la larga noche invernal, la temperatura puede bajar hasta −45 °C. Bajo la superficie, el suelo de la tundra permanece congelado todo el año.

•

Sorprendentemente, muchos animales viven en la tundra o en la taiga durante todo el año, y no solo los más grandes y de espeso pelaje, como el reno, sino también pequeños pájaros como los carboneros, que dependen del abrigo y alimento que les proporcionan las coníferas. En el corto verano se funde la nieve, los días son más largos y los residentes invernales se reúnen con animales menos fuertes, como las aves canoras y los insectos, que despiertan de su letargo o vienen desde el sur.

La taiga y la tundra...

Tundra siberiana

Taiga siberiana

Bosque boreal de Norteamérica

Tundra canadiense

Trópico de Cáncer

Ecuador

Trópico de Capricornio

... y sus diferencias

Pino de ponderosa | Abeto de Douglas, picea blanca | Sauce enano, avellano americano | Saxífraga, amapola ártica | Hierba, juncia

Picea, abeto, pino | Pinos menores, abedules | Hierba, juncia | Enebro, mirto | Saxífraga, amapola ártica

Norteamérica
En el sur del bosque boreal, las coníferas como el pino albar se mezclan con árboles de hoja caduca, como el arce del azúcar y el avellano americano. Más al norte, el bosque se puebla densamente de coníferas, como pinos, abetos del Canadá y piceas blancas.
A diferencia de los árboles deciduos, estas coníferas tienen ramas inclinadas hacia abajo, que dejan resbalar la nieve sin romperse. Hacia el norte, los árboles se van haciendo más escasos y más bajos, hasta llegar a la tundra de musgos, donde los únicos árboles son el pequeño sauce ártico, y la picea y el avellano enanos. Tanto en la taiga como en la tundra abundan los lagos y las zonas pantanosas.

Eurasia
Como en Norteamérica, los arces y tilos de hoja caduca se mezclan con los pinos en el sur de los bosques boreales de Eurasia. Más al norte desaparecen los árboles deciduos. Los fríos inviernos permiten vivir solo a algunas especies de árboles que forman una vasta y uniforme extensión de coníferas, sobre todo, el alerce, y también abetos, piceas y pinos, interrumpidos de vez en cuando por abedules y sauces. Esta es la verdadera taiga, que cubre vastas áreas de Siberia. Al norte de la taiga se abre la tundra, a menudo cubierta solo por musgos y líquenes que pueden vivir sin raíces en el suelo helado. En algunos lugares, sin embargo, crecen enebros, mirtos y sauces enanos.

Los ambientes

El clima de la taiga es muy duro, pero el de la tundra lo es más aún. La temperatura media permanece por debajo de cero más de la mitad del año. Los veranos suelen ser templados pero cortos, y solo hay entre 50 y 100 días al año en los que no hiela.

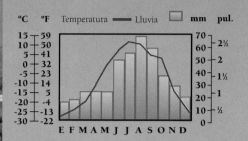

°C | °F | Temperatura —— Lluvia □ mm pul.

E F M A M J J A S O N D

Sol y lluvia
La temperatura media no suele alejarse de los 0 °C, pero, mientras que en invierno baja hasta -40 °C, en verano puede subir a 40 °C. Casi todas las precipitaciones son en forma de nieve.

La tundra en verano
Cuando la nieve se funde en primavera, la tundra se encharca. Pero el suelo se vuelve de color verde vivo con hierbas y musgos nuevos. Por todas partes surgen flores silvestres como la amapola ártica y saxífraga, que visten brevemente de color el árido paisaje.

La taiga en invierno
En el invierno de la taiga nunca falta la nieve. El suelo también está helado, lo que dificulta a los árboles la absorción de agua, pero las agujas de las coníferas apenas pierden humedad y permanecen verdes hasta que vuelve el verano.

Taiga y tundra de Eurasia

Desde Escandinavia y a lo ancho de toda Siberia se extiende la taiga, el bosque más grande del mundo, con la tundra al norte. En esta zona, los inviernos son más fríos que en ningún otro lugar, salvo en la Antártida. Sin embargo, muchos animales resisten el frío: desde grandes herbívoros de pelaje espeso hasta pequeños mamíferos como topillos y otros roedores, que se refugian bajo tierra, o depredadores como el lobo, que obtiene su energía de sus presas.

Anfibios

Los anfibios, como los reptiles, son escasos y muy dispersos Pero en las zonas templadas arenosas viven el sapo corredor y el sapillo moteado. En total son 27 las especies de anfibios de la taiga siberiana; la mayoría de ellos se encuentra en la región del sudeste.

Rana de bosque siberiana

La rana de bosque siberiana y la rana campestre azul son las únicas ranas del norte de Siberia. Viven en las lagunas, charcas y costas de los lagos de la taiga y la tundra. La rana de bosque es una de las más comunes; vive en diversos hábitats y en grandes cantidades, y sobrevive dentro del Círculo Polar Ártico hibernando y retrasando su reproducción hasta junio.

Lagartija de turbera

Entre los lagartos y lagartijas, esta es la única especie que soporta el frío invierno dentro del Círculo Polar. Se la conoce también como lagartija vivípara, pues la hembra incuba sus huevos dentro del abdomen y alumbra a sus crías ya vivas. Esto es una adaptación al clima frío, ya que los huevos no se incuban con el calor ambiental, como ocurre entre los reptiles de otros climas.

Reptiles

Pocos reptiles sobreviven al frío de la taiga y la tundra, pues dependen del calor del sol para obtener energía. Sin embargo, hay más de 75 especies en la taiga siberiana, entre las que se incluyen las tortugas y las serpientes.

Aves voladoras

Los piñones y las bayas permiten pasar el invierno en la taiga a muchos pequeños pájaros, como carboneros, chochines, cascanueces y piquituertos. La explosión veraniega de insectos y bayas atrae a migradores como el ampelis europeo y el pico picapinos.

Blanca del majuelo

En los pinares del norte abundan las mariposas, y las orugas de algunas especies causan daños importantes al comer las agujas de los pinos. Las flores de la tundra atraen a especies resistentes como la blanca del majuelo, que liba las flores del cardo, mientras que sus orugas comen hojas del majuelo, o espino albar.

Camachuelo picogrueso

El camachuelo picogrueso es pariente del pinzón, pero bastante más grande. Come bayas y brotes en el suelo o en las ramas de los árboles como el serbal. El número de estas aves que migran al norte varía cada verano, y depende del alimento disponible.

Insectos

Los tremedales que origina la fusión de la nieve en primavera son idóneos para que muchos insectos completen su desarrollo. Los huevos o larvas* han permanecido en letargo durante el invierno, y ahora surgen nubes de mosquitos sobre las charcas.

Aves terrestres

En la taiga, los tetraónidos, o gallos de monte, comen agujas de pino y bayas en el suelo. En la tundra, la perdiz nival y el escribano nival picotean el suelo en busca de brotes y semillas, y se entierran en la nieve para evitar el frío.

Urogallo

Esta gran ave, parecida a un pavo, es la mayor de los tetraónidos. Vive en la taiga europea y también en los bosques de coníferas de zonas montañosas meridionales, hasta el norte de España. En invierno depende de las agujas de pino y los piñones. En verano prefiere comer hojas y frutos de arándano y mundillo.

Glotón

La taiga es el hogar de muchos mustélidos, como la marta cibelina, el visón, la marta común y la garduña, todos ellos ágiles cazadores de pelaje fino y espeso, algunos tan delgados que se meten en las madrigueras de sus presas para cazarlas. El mayor mustélido es el glotón, del tamaño de un lobo, pero más fuerte. Sobre la nieve es muy veloz y da alcance a animales tan grandes como los renos, que en verano conseguirían escapar.

Lechuza gavilana

Los roedores y topos que se aventuran de noche por el suelo del bosque sirven de presa para los búhos y las lechuzas, desde el mayor de todos, el búho real, hasta el mochuelo chico, el más pequeño de Europa, pasando por la lechuza de Tengmalm y el cárabo lapón. La lechuza gavilana, en cambio, caza de día ratones y topillos.

Aves rapaces

Incluso en invierno, abundan las presas para las rapaces en la taiga. El milano negro es común en todas partes, y las razas norteñas de azor y gavilán vuelan entre los árboles persiguiendo pájaros. Desde el cielo, el águila imperial busca pequeños mamíferos, y el águila pescadora captura peces en los lagos.

Mamíferos herbívoros

Muchos cérvidos como el corzo, el sika, el ciervo almizclado, el uapití y el alce pasan el invierno en la taiga. En verano migran a la tundra, donde crían y acumulan reservas. En invierno se mantienen gracias a la corteza de los árboles.

Reno

Llamado caribú en Norteamérica, el reno es el único ciervo en el que ambos sexos tienen astas. En verano se alimenta de líquenes en la tundra, y en otoño migra a la taiga. En la región ruso-escandinava es semidoméstico: los pastores lapones guían la migración de los rebaños. El caribú de Norteamérica y Siberia Oriental es salvaje.

Mamíferos depredadores

En invierno hay poco alimento vegetal, pero no faltan presas para los grandes carnívoros como los lobos, linces y osos, ni para los pequeños mustélidos. Una manada de lobos puede matar animales mucho mayores que ellos, como el alce.

Taiga ruso-escandinava
Gran parte de estos bosques están amenazados por la tala de árboles, pero todavía albergan muchos animales, entre ellos mamíferos como el lobo, el oso y el reno, y aves, como el halcón gerifalte, el águila pescadora y el arrendajo funesto.

Tundra de la península de Kola
Solo los más fuertes sobreviven en esta desolada tundra ártica, donde el oso blanco, el glotón y el zorro ártico cazan en invierno, y el reno y el alce tienen a sus crías en verano.

Taiga siberiana occidental
Casi la mitad de Siberia Occidental está formada por tremedales, y buena parte de su fauna encuentra su alimento en el agua, como la rata de agua, el castor, la rata almizclada e incontables aves acuáticas, como patos y grullas.

Taiga siberiana nororiental
Los inviernos en este inmenso bosque son de los más fríos del mundo, con temperaturas que caen hasta -70 °C. Pero muchos animales soportan el frío: mamíferos como el caribú, el oso, la ardilla roja y el glotón, y aves como el grévol, el águila pescadora y al águila real.

MAR DE OJOTSK

Meseta del Tíbet

CORDILLERA DEL HIMALAYA

Vivir en el pinar

Comparadas con los árboles de hoja ancha, las coníferas les resultan menos acogedoras a los animales. Sus hojas aciculares son duras y pinchan, y además, tanto las hojas como la madera tienen una resina indigesta. No obstante, muchos animales han logrado vivir de estos árboles, comiendo sus semillas, sus yemas y hasta su corteza. En muchos casos, sus hábitos alimentarios se han especializado para aprovechar al máximo las coníferas. Además, estos árboles los protegen del frío del norte. Lo que les falta en calidad lo suplen con la cantidad: las coníferas son un amplísimo hogar para quienes se sienten a gusto entre ellas.

El arrendajo funesto
es omnívoro: come insectos, setas y bayas. En invierno se sustenta en general de piñones, que extrae de las piñas con su fuerte pico.

Camachuelo picogrueso macho

Macho

El camachuelo picogrueso
depende en gran medida de las coníferas en invierno y primavera, pues come agujas y yemas de pino y abeto, además de sacar piñones de las piñas.

Hemb

Oso pardo

Con su espeso pelaje y su gran cuerpo, pocos animales están tan bien adaptados para soportar el invierno de la taiga como el oso, el animal que es símbolo nacional de Rusia. Aunque come casi de todo, el oso se alimenta de hierba en primavera y de frutos y bayas en otoño. Como en invierno el alimento escasea, el oso come bien en otoño y se retira a una cueva para pasar durmiendo la mayor parte del invierno.

El cascanueces,
como otros muchos pájaros de la taiga, tiene un pico fuerte para romper las piñas y abrir los piñones. A veces acumula semillas en una "despensa" para el invierno.

Adaptación a la taiga: animales del lago Baikal

El Baikal es el lago más profundo de la Tierra, y también el más antiguo: se formó en una grieta de la corteza terrestre hace 25 millones de años. Esto, unido al aislamiento del resto del mundo, ha hecho que el Baikal tenga una fauna particular, con animales como el corégono, un pez ciprínido, y la foca del Baikal, la única foca de agua dulce del mundo, que tal vez viva aquí desde hace 500.000 años.

Lago Baikal

El lago Baikal tiene más de 1.620 m de profundidad en algunos puntos.

El Baikal contiene un quinto del agua dulce del mundo.

Foca del Baikal

Hay 56 especies de peces en el lago, entre ellos el *golomoyanka*, un raro pez vivíparo.

La foca del Baikal es pequeña y tiene unas aletas reducidas, ya que no necesita nadar deprisa.

Corégono blanco

El visón
ha sido perseguido casi hasta la extinción en estado salvaje por su cálida piel, esencial para su supervivencia en el invierno siberiano. Trepa bien a los árboles, pero caza sobre todo en el suelo.

El grévol
es uno de los muchos tetraónidos que picotean semillas en el suelo del bosque.

El cárabo uralense duerme de noche en el agujero de un pino, y de día caza pequeños roedores de actividad diurna.

El piquituerto común tiene un raro pico con las mandíbulas cruzadas como unas tijeras. Con él extrae los piñones de las piñas de abeto. El piquituerto franjeado tiene el pico más largo para aprovechar las piñas del alerce.

Piquituerto común

La ardilla voladora anida y duerme en los huecos de los árboles. Come brotes de pino y de árboles caducifolios.

Familia de carboneros lapones

Carbonero lapón

El carbonero lapón y el herrerillo capuchino anidan en agujeros; en invierno obtienen energía de los insectos aletargados bajo la corteza.

La serreta grande es una anátida que vuela y nada velozmente. Captura peces en los lagos y ríos de la taiga, pero suele anidar en los agujeros de los pinos.

El topillo de lomo rojo y el léming de bosque están entre los muchos roedores que comen semillas y bayas bajo los árboles.

El porrón osculado es un pato que anida en los agujeros de las coníferas, y se ve afectado por la tala de árboles en ciertas zonas.

El urogallo tiene un aparato digestivo fuerte que le permite vivir casi exclusivamente de agujas de pino en invierno.

¡Fauna en peligro!

Bisonte europeo
El bisonte europeo, el animal más grande del continente, se extinguió en estado salvaje hace casi un siglo. Recientemente se han reintroducido en la naturaleza pequeñas poblaciones procedentes de los zoos en varios lugares, como el bosque de Orlovskoe, cerca de Moscú.

Alce europeo
Aunque el alce todavía es común en el este de Siberia, la caza lo ha llevado al borde de la extinción en el oeste. De los 90.000 que migraban hace años al sur hacia Finlandia, 50.000 fueron abatidos. Ahora está protegido por nuevas leyes, y su número se está recuperando.

Tala de árboles
La taiga siberiana es una de las pocas regiones extensas de la Tierra sin explotar, pero, en los últimos años, la demanda de pulpa de madera blanda para fabricar papel ha disparado las talas ilegales. Esto, junto con la minería, puede acabar con grandes áreas de taiga.

Bosque de Siberia

Gran parte de la taiga del noreste de Siberia está dentro del Círculo Polar Ártico, y la temperatura invernal baja hasta −70 °C. Esto hace que el suelo se mantenga congelado todo el año en algunos lugares. Al final del largo invierno, el sol de primavera despierta una erupción de vida y color. Los alerces, abetos y pinos abren nuevos brotes, los musgos y líquenes emergen de la nieve, y en los tremedales que forma la nieve al fundirse asoman pequeñas flores. Los animales que estaban dormidos se despiertan, y los que migraron al sur regresan al bosque.

La primavera en la taiga siberiana

La tarde está avanzada, y aunque las montañas lejanas aún visten el color azulado de la nieve, el tibio sol de primavera tiñe de amarillo el suelo. Cerca, una pareja de ardillas rojas se persiguen describiendo espirales en un árbol. Un carpintero negro pica el tronco buscando larvas y hormigas bajo la corteza. Debajo, una ardilla listada de Siberia otea con precaución los matorrales, bajo la atenta mirada de un lince hambriento.

•

Desde otro árbol, una ardilla voladora se lanza al aire, asustada por un azor. Por un agujero del mismo árbol asoma un carbonero lapón para recibir la comida que le trae su pareja, con la que cebará a sus pollos. Arriba, un cárabo lapón se posa en la sombra de la copa, mientras las mariposas blancas del majuelo revolotean, levantadas por una ráfaga de aire. Al pie del árbol, una marta cibelina que ha salido muy temprano olisquea el aire.

•

Un urogallo solitario descansa sobre una roca a la orilla del agua, mientras una pareja de osos pardos retozan en la corriente, atrapando algún salmón que salta entre los rápidos. A lo lejos, un pequeño grupo de alces se mueve en silencio, seguidos al acecho por una manada de lobos.

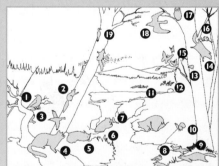

CLAVE

1	Gorrión molinero	
2	Ardilla común	
3	Cascanueces	
4	Ardilla listada de Siberia	
5	Lince europeo	
6	Oso pardo	
7	Salmón	
8	Porrón osculado (hembra y macho)	
9	Marta cibelina	
10	Urogallo	
11	Lobo	
12	Alce	
13	Carbonero lapón	
14	Ardilla voladora	
15	Mariposa blanca del majuelo	
16	Garganta de rubí siberiano	
17	Cárabo lapón	
18	Azor	
19	Carpintero negro	

Taiga y tundra de Norteamérica

En Norteamérica, el bosque boreal
se extiende en una franja
de unos 800 km de ancho al
sur de la tundra, a través de
Canadá y Alaska. En esta vasta región de inviernos
crudos, la naturaleza apenas ha sido alterada. En el lejano
noroeste, los inmensos rebaños de caribús viajan al norte en
primavera hacia sus territorios de cría en la tundra, mientras que
el bosque alberga muchos pequeños mamíferos, aves e insectos.

Costa del norte de Alaska
Esta llanura es famosa por las grandes manadas
caribús que llegan a ella cada verano para tener
crías.

CORDILLERA DE BROOKS

Río Mackenzie

CORDILLERA COSTERA

MONTAÑAS ROCOSAS

Taiga del noroeste
Nutrias, castores, alces,
lobos y osos son algunos
de los muchos animales
que viven en los bosques
de montaña del noroeste.

Marta americana

Las martas son hábiles escaladoras con
cara de perro y una cola gruesa y peluda.
A veces come insectos y bayas en el suelo,
pero la mayor parte del tiempo está en los
árboles, persiguiendo ardillas por las ramas
a toda velocidad. Hace su nido en un
tronco hueco, y en abril, la hembra pare de
dos a cuatro cachorros ciegos y delicados.
Las crías abren los ojos a las seis semanas.

Mamíferos depredadores
Los depredadores pueden pasar bien el
invierno gracias a su pelaje abrigado y
a las presas disponibles, aunque tengan
que recorrer grandes distancias para
cazar. Junto al lobo, el zorro y el lince
canadiense, hay mustélidos como el
glotón, el pekán y la marta americana.

Junco de ojos negros

El junco de ojos negros, como
otros gorriones, pasa el invierno en
el sur alimentándose de semillas. En
verano vuela a los bosques boreales
para aprovechar las bayas y los
insectos. Aquí, los machos cortejan a las
hembras con sus cantos, y las parejas
anidan en las raíces de los árboles.

Lagartija caimán

La lagartija
caimán no
solo vive en
regiones muy al norte;
además, vive en altas
montañas. Como otros
lagartos y lagartijas de los
bosques boreales, las
hembras son vivíparas para asegurar el
desarrollo de las crías en un ambiente frío.

Aves voladoras
En verano, 40 especies de currucas y
zarceros llegan con otros pájaros como
zorzales, tanagras y camachuelos para
comer insectos y bayas. Otros, como el
carbonero, resisten el invierno con su
plumaje abrigado y comiendo semillas.

Reptiles
Los reptiles necesitan calor ambiental
para estar activos, por lo que muy
pocos viven en la taiga, y ninguno en la
tundra. La tortuga pintada y la tortuga
mordedora pasan el invierno bajo la
capa de hielo que cubre las charcas; la
serpiente jarretera hiberna enterrada.

Ardilla voladora

La ardilla voladora se mantiene activa en
invierno y come mucho para mantenerse
caliente. Por eso en otoño llena de nueces
y bayas secas sus despensas en los huecos
de los árboles. Planea desde los árboles
sobre todo para huir de sus enemigos.

Pequeños mamíferos
Los piñones, la corteza y las
yemas sustentan a muchos
roedores, entre ellos las ardillas listadas,
las marmotas y los ratones ciervo, que
pasan el invierno dentro de sus
madrigueras en hibernación. Las bayas son
un alimento vital para ellos. La liebre de
raquetas come hierba en verano y brotes
de pino en invierno.

Tundra de Nunavut

A pesar de ser llamada "desierto frío" por la ausencia de plantas, la tundra de Nunavut alberga una rica fauna. El oso blanco y el zorro ártico cazan por los hielos, y los rebaños de bueyes almizclados, caribús y alces pastan por ella. Hacia el sur suelen verse osos *grizzlis*.

BAHÍA DE HUDSON

Lago Superior

Taiga de Canadá central

Este es uno de los últimos grandes refugios naturales, donde se albergan incontables especies, entre ellas el alce, el caribú, el oso negro, el lobo, el lince canadiense, la rata almizclada, la liebre de raquetas y muchos otros.

Anfibios

Aunque para los anfibios no es fácil resistir el frío del invierno boreal, hay ranas capaces de vivir en los lagos de la taiga y en los tremedales de la tundra, como la diminuta rana corista y la rana visón, que hibernan bajo el agua.

Alce

El alce es el mayor de todos los ciervos: los machos pueden pesar más de media tonelada, y sus astas llegan a medir 1,8 m de ancho. En invierno come ramitas y la corteza de los árboles que crecen junto a los ríos, como los sauces y los chopos. En verano vadea los lagos para comer plantas acuáticas.

Insectos

Las coníferas se defienden bien del ataque de los insectos con sus hojas duras y su resina pegajosa. Pero muchos insectos se han adaptado a este bosque: la oruga de la polilla gitana come agujas de pino, y la larva de los tentredínidos taladra la madera para comérsela.

Mosquito

Los tremedales que se forman al derretirse la nieve en primavera son un hábitat ideal para los mosquitos. En verano, grandes enjambres de mosquitos acribillan a los mamíferos, como el caribú y el alce, para chuparles la sangre, pues las hembras la necesitan para producir sus huevos. Esto exaspera a los mamíferos y los vuelve agresivos.

Mamíferos ramoneadores

El ralo sotobosque de la taiga ofrece poco alimento a los ramoneadores. Pero el mapache aprovecha casi cualquier cosa comestible, y el coendú, o puerco espín arborícola, come brotes en los árboles en primavera, y se nutre de agujas y corteza en invierno.

Rana pintada de Oregón

Esta rara especie vive en las charcas cercanas a los lagos de montaña. El canto de cortejo del macho suena como el martilleo de un pájaro carpintero. La población de estas ranas ha disminuido drásticamente al desecarse sus territorios y por los depredadores introducidos, como la rana toro y la trucha de arroyo.

Mamíferos herbívoros

El caribú y el alce son ciervos grandes y robustos que, en verano, se aventuran muy al norte de la tundra y se resguardan en los bosques en invierno. Pero el más resistente al frío es el buey almizclado: este enorme y peludo toro vive en la tundra boreal todo el año.

Halcón gerifalte

Con más de 60 cm de largo, el gerifalte es el mayor de todos los halcones. Caza muy al norte en la tundra y por todo el Ártico, de Norteamérica a Siberia. Ataca aves que viven en el suelo, como la perdiz nival, a las que golpea por sorpresa antes de que levanten el vuelo.

Aves rapaces

Las rapaces obtienen energía de la carne para soportar el frío invernal. En la taiga viven rapaces nocturnas como el búho de Virginia y el búho nival, y diurnas, como el águila real, la de cabeza blanca y el ratonero de cola roja. El águila pescadora captura peces en los lagos.

Oso pardo *grizzly*

Varias subespecies del oso pardo viven en los bosques boreales de Norteamérica, entre ellas el oso de Alaska y el *Kodiak*, el mayor de todos. El oso *grizzly* tiene un pelaje jaspeado en tonos claros y oscuros. El oso pardo es principalmente herbívoro, pero no duda en cazar cuando es necesario. En invierno, cuando la comida escasea, pasa casi todo el tiempo durmiendo en la osera.

El hogar del castor

El castor es un roedor, como el perrillo de las praderas, pero de casi 1 m de largo. Aunque es más pequeño que otros animales de la taiga, tal vez su impacto en el medio ambiente es mayor que el de ninguna otra criatura. Es, como el perrillo de las praderas, una especie clave en su hábitat, un animal cuyo efecto sobre las vidas de otras especies es crucial. Los castores talan árboles y construyen diques con los troncos para crear lagos en los que están a salvo de sus enemigos. Los cambios que producen en el medio ambiente tienen beneficios vitales para otros mamíferos, aves, reptiles, peces e insectos.

Talar y represar

El impacto de los castores en el bosque tiene dos vertientes. Primero, los castores talan árboles para construir sus presas y para comer hojas y corteza. Así producen claros en el bosque y, puesto que prefieren árboles como los sauces y los álamos, favorecen a otras especies. Además, al represar los ríos, los castores crean grandes masas de agua limpia y tranquila, y también crean zonas encharcadas en los alrededores del lago.

El pez sol come insectos que viven en el fondo de las aguas mansas.

La oruga de la polilla carpintera vive en la madera podrida de los árboles.

El lucio caza peces que se alimentan en el fondo.

A los carpinteros les gustan los insectos de la madera cortada.

Los diques de los castores están hechos de palos unidos con barro y hierba.

A la rata de agua le gusta vivir en la orilla herbácea de la laguna.

Los zapateros patinan sobre la superficie en calma del lago.

El foxino come insectos en el fondo del agua.

Adaptación a la taiga: comer piñas

Todos los roedores tienen incisivos cortantes y fuertes para abrir los frutos secos, pero los de las coníferas presentan problemas adicionales, incluso para los roedores. Sus semillas están encerradas en piñas, protegidas por duras escamas leñosas. Estas escamas están abiertas al principio, pero cuando las semillas están fecundadas, se cierran y es muy difícil acceder a ellas. Las ardillas son capaces de sacar los piñones de las piñas, y llenan con estas sus despensas para tener comida en invierno.

Las semillas comestibles de la piña están protegidas por duras escamas leñosas.

El espermófilo tiene incisivos afilados para morder la piña.

Con sus diestras manos, la ardilla gira los frutos secos y las piñas para atacar por el ángulo más adecuado.

Piña de abeto de Douglas

Espermófilo de manto dorado

Ardilla roja

La avispa portasierra adulta come polen, pero sus larvas, parecidas a las orugas de mariposa, comen hojas de coníferas.

El ánade real, la cerceta común y el porrón osculado son patos a los que les gusta anidar junto a las presas de los castores.

La nutria canadiense halla buena caza en los embalses de los castores. Además, el agua quieta de estos lugares es adecuada para instalar cerca una madriguera, y las nutrias suelen aprovechar agujeros abandonados por las ratas de agua.

Una cabaña de castores suele tener de 1,8 a 3 m de ancho, pero puede tener hasta 6 m de largo.

La libélula esmeralda se beneficia del aumento de la superficie de agua.

La serreta acude atraída por los peces de las aguas lentas.

Castor canadiense

Los castores están muy bien adaptados para vivir en el agua. Tienen pies palmeados y una cola en forma de remo. Sus orificios nasales pueden cerrarse, y resisten 15 minutos o más bajo el agua. También son diestros ingenieros. Tras cortar los árboles más cercanos a su presa, los castores abren canales para traer los troncos que están más lejos. En invierno, el barro con el que cubren el dique y la cabaña se congela, como si fuera cemento, y forma una estructura muy sólida. También revisten el interior de la cabaña con barro, para que las crías estén secas aunque la entrada esté bajo el agua. ¡La cabaña tiene incluso ventilación!

La rana campestre se beneficia de las orillas húmedas.

El ditisco halla nuevas presas, como renacuajos y pececillos.

El girino captura insectos que caen al agua del embalse.

97

Enterrador gigante

El escarabajo enterrador gigante tiene un papel vital en la vida del bosque, pues se alimenta de cadáveres y ayuda a reciclar los nutrientes. Su rápida disminución puede deberse a la tala de árboles, pero también a la extinción de la paloma viajera, una de sus fuentes de alimento.

Pekán

El pekán, o marta americana, es pariente de la nutria pero, a pesar de su nombre, no come peces, sino pequeños mamíferos como el coendó. Perseguido por su piel, hoy sufre además la tala de árboles de su hábitat, y su población ha disminuido drásticamente.

Halcón peregrino

El halcón peregrino es cosmopolita, pero en la década de 1960, al cazar pájaros que habían comido semillas con DDT, un plaguicida muy tóxico, su población descendió bruscamente: en el Ártico quedó un 20%. Hoy se está recuperando, tras la prohibición del DDT en 1972.

Humedales

La palabra humedal se aplica a un conjunto de hábitats
muy variados, desde los yermos marjales del norte de
Europa, donde solo se oye el viento y el canto lúgubre
del zarapito, hasta los manglares del sudeste de Asia,
vibrantes con el ruido de innumerables animales.

•

Los humedales son áreas en las que ni el agua ni la
tierra lo cubren todo. En los pantanales hay mucha
agua y poca tierra firme. En los marjales hay menos
agua y más tierra. Básicamente, los tremedales son
tierras empapadas de agua. El equilibrio entre tierra y
agua está en cambio constante: periódicamente,
las inundaciones cubren la tierra y las sequías reducen
al mínimo la superficie del agua.

•

Los humedales no cubren más del seis por ciento de la
superfice emergida de la Tierra. Pero su importancia
para la vida salvaje es enorme: son lugares rebosantes
de plantas, peces y aves. Algunos han sido desecados,
pero, por ser lugares inadecuados para cultivar y para
edificar, se han convertido en refugios inapreciables
para muchas de las especies más amenazadas.

Los humedales y sus diferencias

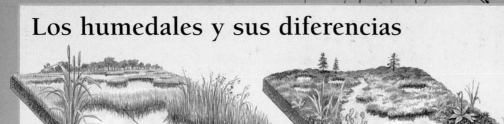

Espadaña | Hierba | Carrizo

Hierba | Drosera | Esfagno | Nepente

Los ambientes

Los humedales permanecen húmedos porque tienen un aporte constante de agua: si no fuera así, incluso los de las regiones frías terminarían secándose. La nieve fundida abastece los tremedales del norte, y los marjales tropicales se rellenan con las crecidas de los ríos.

Tremedal de Estonia

Las áreas más extensas de humedales del mundo están en la tundra del norte de Eurasia y Norteamérica. Aquí, cada hoyo del suelo se llena de agua en primavera, cuando se funde la nieve.

Marjal

Los marjales pueden ser de agua dulce o salada. Los primeros suelen formarse en zonas llanas que quedan encharcadas por las crecidas de los ríos. Las charcas se alternan con zonas de hierbas, carrizos y espadañas.

Tremedal

Los tremedales* son propios de lugares fríos, donde la lluvia cae en suelos blandos pero sin drenaje. A menudo solo crecen esfagnos (un tipo de musgos) en un suelo empapado y ácido en el que las plantas muertas forman turba.

Ciprés de los pantanos | Jacinto de agua | Espadaña

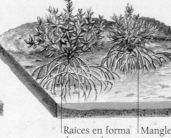

Raíces en forma de puntal | Mangle

Pantanal

Los pantanales son zonas inundadas por los ríos o por las mareas, con más agua y de forma más permanente que los marjales. En ellos hay árboles amantes del agua y viven plantas flotantes, como el jacinto de agua.

Manglar

Los manglares se forman en las costas tropicales arenosas. Los manglares echan sus raíces en forma de puntales en la arena de la orilla y van adentrándose en el mar; así el suelo emergido gana terreno al mar.

Marjal en invierno

La humedad del aire de los humedales hace que con frecuencia los cubra la niebla, lo que les da cierto aire de misterio y, además, contribuye a proteger su flora y fauna. En zonas frías, el aire se enfría por la noche y, por la mañana, la humedad del aire se condensa en una niebla duradera.

Marjal tropical

Se llama así a las zonas pantanosas y sin árboles de la región tropical, como el Okavango, en África. Se forman tierra adentro, donde los ríos causan grandes inundaciones estacionales en zonas de escaso drenaje y con poca lluvia para que crezcan árboles. En los canales sinuosos se ven papiros, lechugas de agua y nenúfares.

Papiro | Jacinto de agua | Nenúfar y lechuga de agua | Carrizos

Carrizales

Pocas plantas pueden vivir con sus raíces y la mayor parte de sus tallos sumergidos. Las que lo hacen, como los carrizos y lentejas de agua, pueblan los humedales de todo el mundo. En aguas más someras crecen juncias y juncos.

Humedales de Norteamérica

La actividad humana ha destruido casi la mitad de los humedales de Norteamérica, y cada año se pierde una superficie del tamaño de Chicago. Pero todavía quedan grandes áreas de tierras húmedas en el continente, desde los vastos tremedales de Alaska hasta las marismas de Okefenokee y los Everglades, en Florida. En estos preciosos refugios viven raras serpientes, ranas, tortugas, castores, nutrias y aves.

Tremedales de Alaska
Alaska tiene el doble de humedales que el resto de Estados Unidos, y ocupan más de la mitad del Estado.

Bahía de San Francisco
Las marismas albergan especies raras, como ratones de las cosechas y rascones.

Martín pescador de cinturón

Este pequeño y colorido pájaro es el único martín pescador de Norteamérica. Le gusta posarse en una rama sobre el agua, pero pesca cerniéndose en vuelo a poca altura y lanzándose sobre los peces desprevenidos. También captura cangrejos, ranas, culebras y hasta ratones. El martín pescador migra hacia el sur desde los sitios donde el agua se congela en invierno.

Aves rapaces
Grandes rapaces, como el águila de cabeza blanca y el águila pescadora, sobrevuelan las lagunas en busca de peces. El esmejón y el aguilucho pálido cazan ratones y ranas en la tierra. Además de las rapaces, muchas aves pescan en las lagunas, como la garza azul y las garcetas.

Zampullín de pico rayado
Los zampullines son aves buceadoras, con las patas situadas muy atrás y los pies palmeados. El zampullín de pico rayado se sumerge tan rápido que parece desvanecerse de repente de la superficie, lo que le ha valido el mote de "bruja acuática". Come peces, caracoles e insectos.

Insectos
La abundancia de vegetales proporciona alimento a muchos insectos. Pocas especies viven bajo el agua en la edad adulta, pero las larvas de efímeras, frigáneas, libélulas y mosquitos se desarrollan en ella, y muchas respiran por branquias, como los peces. Tras la metamorfosis, viven en la superficie.

Anátidas
Muchos patos, ánsares y otras anátidas crían y se alimentan en los humedales. Los patos nadadores, como el azulón y el pato cuchara, buscan animalillos en aguas someras, que filtran con su pico. Los patos buceadores, como el negrón y el porrón, bucean a mayor profundidad. Los ánsares comen hierba.

Ditisco
Muchos insectos tienen larvas acuáticas, pero solo algunos se han adaptado a la vida acuática de adultos.

Estos son en su mayoría depredadores o carroñeros, como los escarabajos buceadores. El ditisco caza pececillos e insectos, y respira bajo el agua gracias a una reserva de aire que lleva bajo los élitros. A veces vuela para viajar de una charca a otra.

Adulto

Larva

Anfibios
Los humedales son perfectos para los anfibios, ya que combinan tierra y agua. La rana leopardo, el sapo americano, el tritón oriental y muchos otros anfibios crían en lagunas y charcas temporales, y de adultos comen en tierra. En los tremedales vive la salamandra de cuatro dedos.

Ranita ardilla arborícola
Como otras ranas "coristas", los machos de esta especie se reúnen en las charcas en primavera y silban a coro para atraer a las hembras. De adultas viven en árboles cerca del agua, y pasan el invierno bajo la vegetación en descomposición.

MONTAÑAS ROCOSAS

Río Grande

SIERRA MADRE

Tremedales de la Bahía de Hudson

Esta zona, uno de los humedales más grandes del mundo, es famosa por el caribú, el visón, el armiño y la liebre de raquetas.

BAHÍA DE HUDSON

Marjales de los Grandes Lagos

Son un hábitat clave para las aves, no solo acuáticas, como los patos y las garzas, sino también para los pájaros y rapaces.

Pozas de la pradera

Estas lagunas, que aparecen en primavera, albergan a 100 especies de aves y muchas ranas.

Bahía de Chesapeake

En esta vasta región de arroyos y ciénagas viven mamíferos como la rata almizclada, el mapache y el castor, y aves como las grullas y las garcetas.

Pantanal de Great Dismal

(ver página 103).

Pantanal del Misisipi

Uno de los hábitats de agua dulce más ricos del mundo.

GOLFO DE MÉXICO

Marismas de Florida

Además de los Everglades (ver págs. 104-105), Florida tiene el pantanal de cipreses de Okefenokee, donde viven 233 especies de aves, 49 de mamíferos, 64 de reptiles y 37 de anfibios. Entre su fauna están el manatí y la tortuga del desierto.

Tortuga mordedora

Las dos especies de tortugas mordedoras de Norteamérica –la común y la caimán– son las tortugas de agua dulce más grandes del mundo, alcanzando los 90 kg de peso. Son depredadores temibles que acechan en el fondo de lagunas y ríos al paso de los peces, a los que pueden partir en dos con sus mandíbulas cortantes.

Reptiles

En los humedales de Norteamérica viven muchas serpientes, como las culebras de agua y jarreteras, y 45 especies de tortugas de agua dulce, como la tortuga caja y la de los tremedales. Casi todas están en peligro, y muchas son víctimas de los coches al moverse por tierra.

Pez espátula

Esta especie se parece mucho a algunos peces fósiles primitivos. Durante el día descansa en el fondo de pozas profundas en el río y en los humedales del Misisipi. Por la noche se alimenta de plancton*. Puede detectarlo gracias a su largo hocico y lo filtra del agua que entra por su enorme boca gracias a las branquias.

Pez sol

El pez sol es un colorido pariente de la perca, con manchas que recuerdan las pipas de calabaza. Vive en aguas someras frescas y con vegetación, y come insectos, larvas y pececillos. Se reproduce con facilidad, y su abundancia indica que es una especie clave en el hábitat. Es presa de todos los peces depredadores, como el lucio, y también de aves como las garzas y serretas.

Peces de aguas quietas

En las lagunas y los lagos se encuentran hábitats muy diversos. En las aguas someras llenas de vegetación próximas a las orillas viven leuciscos, lucios menores y peces sol. La perca amarilla y la perca lucio prefieren las aguas transparentes y profundas.

Mamíferos acuáticos

Sorprendentemente, muchos mamíferos viven en el ambiente frío y húmedo de los marjales. La mayoría son roedores herbívoros como lémings, topillos, la rata almizclada y el castor, pero también hay depredadores como el lince, la nutria y el puma.

Rata almizclada

La rata almizclada es el mayor de los topillos. Nada bien gracias a sus pies palmeados, y usa la cola como timón. Suele vivir en pequeños grupos y hace su madriguera en las orillas de los ríos. Si el suelo es plano, construye una "cabaña" parecida a la de los castores con barro y tallos de plantas.

Peces de aguas corrientes

Los ríos pueden tener una corriente rápida o lenta, y sus variaciones de temperatura suelen ser grandes. La trucha de arroyo, el tímalo y el coto viven en aguas frías y rápidas. La carpa común y el pez espátula prefieren las aguas más lentas y cálidas.

Aves limícolas*

Las aves limícolas comen animalillos en el barro de los humedales. Cada otoño, muchas llegan del Ártico para invernar, o se detienen en los humedales para descansar y comer. Luego siguen hacia el sur; es el caso de becadas, cigüeñuelas, avocetas, agachadizas, chorlitos, correlimos y muchas otras.

Archibebe patigualdo grande

El archibebe patigualdo grande es un ave limícola de patas largas y amarillas que come en aguas tranquilas y profundas. Caza sobre todo pequeños peces como el espinoso, pero también insectos y larvas. A menudo, varias aves forman una línea y vadean con el agua al pecho, mientras buscan comida. Ante cualquier amenaza, una de las aves da una sonora alarma y todas echan a volar.

Vivir en el humedal

Los humedales son inmensos almacenes biológicos, que generan una gran cantidad de alimento para todo tipo de animales. Billones de algas* microscópicas florecen en las aguas, y algunos humedales producen más materia viva por metro cuadrado que cualquier otro hábitat. Los restos de plantas muertas se descomponen en el agua y forman detritos. En los ríos los detritos son arrastrados por la corriente, pero en los humedales se acumulan en el fondo y proporcionan alimento a muchos animales, como a las larvas de los insectos, a los moluscos y a los peces. Estos, a su vez, sirven de alimento a animales más grandes.

La cadena alimentaria del humedal

Los detritos del fondo, en la base de la cadena alimentaria, sirven de alimento a animalillos como las larvas de efímera. Estos son comidos por otros animales que nadan, como las larvas de libélula y de caballito del diablo. Los demás animales del humedal se benefician de la gran abundancia de estas pequeñas criaturas, bien alimentándose de ellas, o bien depredando a los animales que se los comen.

La nutria captura sobre todo peces, pero tambén caza ranas, cangrejos, culebras e insectos.

El rascón sora es un ave de marisma que come plantas acuáticas como el carrizo.

El nadador de espalda se impulsa con dos patas en forma de remos y come algas.

El armiño caza pequeños mamíferos, ranas, peces y cangrejos.

Los caballitos del diablo cazan pequeños insectos como frigáneas, y larvas de otros insectos.

El ánade real come algas y larvas de insectos que viven en el fondo.

El foxino come algas e insectos, como frigáneas y nadadores de espalda.

El pez sol come algas.

El cangrejo de río come peces e insectos muertos.

Adaptación al humedal: de larva a adulto

Las libélulas y caballitos del diablo tienen un ciclo vital muy peculiar, bien adaptado a su carácter depredador. Ponen sus huevos en plantas acuáticas, y de ellos salen larvas nadadoras con branquias y sin alas, llamadas ninfas. Las ninfas cazan renacuajos, insectos y pececillos, y crecen mucho hasta que, a los dos años o más tarde, trepan a una planta y se transforman en adultos con alas.

Cuando está preparada para transformarse en adulto, la ninfa sale del agua trepando por un tallo.

Tras la metamorfosis, el adulto rasga poco a poco la piel de la ninfa.

Por fin, el adulto termina de salir y abandona la piel vacía de la ninfa.

Al cabo de un tiempo, las alas se endurecen y el insecto puede volar.

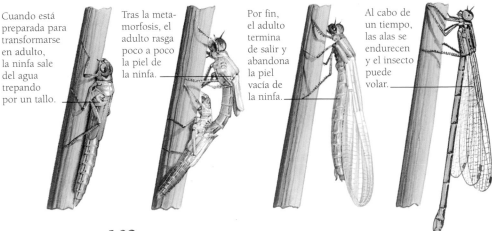

La rata almizclada
come plantas acuáticas,
ranas, caracoles
y pececillos.

**El águila
pescadora**
se lanza a ras de
agua para cazar
peces, como
el pez sol.

La gran garza azul
vadea el agua somera
y arponea con su pico
peces y ranas.

La rana toro
captura insectos
y pececillos.

Los renacuajos
comen detritos.

El lucio
caza peces,
ranas y crías
de pato.

La tortuga mordedora
caza peces, pequeñas aves
acuáticas y pequeños
mamíferos.

El colimbo
come pececillos
y renacuajos.

Pantanal de Great Dismal

El pantanal de Great Dismal es un
humedal boscoso cercano a las costas de
Virginia y Carolina del Norte, en Estados
Unidos, con profundas lagunas en las que
crecen cipreses acuáticos, eucaliptos
negros y madreselva. Hoy apenas cubre
la tercera parte de la que tenía en 1728,
cuando fue bautizado por el coronel
William Byrd. Fue el hábitat de muchas
especies raras como el pico de marfil, hoy
extinto, y aún es un refugio importante
de osos, ciervos, mapaches y zarigüeyas.

¡Fauna en peligro!

Manatí del Caribe

El manatí del Caribe vivía antes en las
lagunas de agua dulce y los ríos que
llegaban hasta Carolina del Norte, pero
la contaminación, la caza y la desecación
de cursos de agua ha reducido su
población a menos de 2.000. Hoy los
amenazan las lanchas de motor, a pesar
de los límites de velocidad.

Ciervo de los Cayos

El ciervo de los Cayos es una subespecie
del ciervo de Virginia que antes abundaba
en gran parte de los Cayos de Florida. La
caza había reducido su número a solo 30
en 1947, cuando se protegió por ley. Hoy,
su población ha ascendido a unos 700 u
800, pero aún es una especie vulnerable.

Pantera de Florida

La pantera de Florida es una subespecie
del puma, que caza ciervos de Virginia y
jabalíes. A medida que se ha reducido su
hábitat, su número ha decrecido: solo
quedan entre 30 y 50 en estado salvaje,
y todos los años mueren algunas más,
atropelladas en las carreteras.

Los Everglades de Florida

Los Everglades, un vasto marjal que cubre gran parte del sur de Florida, se formaron hace miles de años por el desbordamiento del lago Okeechobee. Un siglo de agricultura, el desarrollo urbano y unos planes hidrológicos desiguales han reducido su extensión original a la mitad, pero este sigue siendo un hábitat único. No es un marjal exactamente ni tampoco un río, sino que se trata de un serpenteante "río de hierba" de unos 80 km de ancho y solo 15 cm de profundidad de promedio. El agua fluye lenta pero constantemente y, en verano, la atmósfera calurosa y húmeda se parece a la de un sauna.

Gran parte de los Everglades son un extenso marjal de juncias, surcado por canales y salpicado de manchas de sabana y manglar, con pequeñas islas llamadas "hamacas" en las que los cipreses de agua crecen altos y majestuosos.

Una tarde en los Everglades

El cielo se ha despejado después de una de las irregulares tormentas de verano, y la hierba mojada todavía reluce. Desde el grupo de cipreses próximos, un calamón guía a sus pollos hacia el agua, saltando ágilmente sobre los nenúfares. Una rana carpintera salta fuera del agua sobre una gruesa raíz, y una serpiente verde rugosa se desliza alrededor del tronco.

Arriba, un mosquitero amarillo se lanza desde un árbol mientras un mapache se balancea colgado de una rama. Aún más arriba, una garceta común se sienta en su nido sobre una rama flexible. En un árbol lejano, un añinga llega con un pez en el pico a su nido, hecho sobre ramas desnudas.

En las limpias aguas corrientes, un tarpón nada perezosamente, mientras en una charca cercana poblada de carrizos acechan un par de lepisósteos y un caimán. A lo lejos, en una "hamaca" cubierta de pinos, puede verse una pantera de Florida. En lo alto, un águila de cabeza blanca vuela buscando presa.

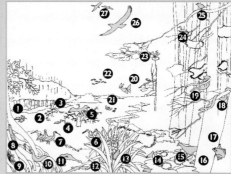

CLAVE

1	Jabirú	15	Calamón
2	Conejo de marjal	16	Caracol acuático
3	Pantera de Florida	17	Rana carpintera
4	Garceta común	18	Serpiente verde
5	Añinga	19	Mapache
6	Caráu	20	Mariposa cebra
7	Espátula rosada	21	Caballito del diablo
8	Anolis verde	22	Espátula común
9	Araña orbicular	23	Nido de añinga
10	Serpiente mocasín	24	Nido de garceta
11	Caimán	25	Mosquitero amarillo
12	Lepisósteo	26	Águila de cabeza blanca
13	Rana leopardo	27	Milano de los Everglades
14	Tarpón		

Humedales de Europa

A lo largo de los siglos, Europa ha ido perdiendo muchos de sus humedales, al desecarse las marismas y tremedales para cultivar o construir. No obstante, aún queda más de un quinto de estas tierras, que son como raras "islas" de naturaleza en medio de esta región tan poblada y desarrollada. Allí se refugian bandadas de aves invernantes, anfibios, roedores acuáticos y muchos invertebrados.

Aguilucho lagunero
En vez de planear, el aguilucho lagunero vuela bajo de un lado a otro para cazar. Si ve una rana, una pequeña ave u otra presa, cae súbitamente sobre ella y la atrapa con sus garras. A diferencia de otras rapaces, construye su nido en el suelo, ocultándolo entre los carrizos, y no migra. El macho y la hembra ceban a los pollos en primavera.

Polla de agua
Aunque se parece algo a los patos, la polla de agua no es una anátida: no tiene pies palmeados, por lo que nada con torpeza. Si se asusta, puede sumergirse completamente, dejando únicamente el pico en la superficie. Los largos dedos de sus pies le permiten andar sobre las plantas flotantes. Come plantas acuáticas, insectos, arañas y gusanos.

Garza real
La garza real es una de las aves más grandes de Europa, con casi 1 m de altura. Para pescar permanece inmóvil sobre el agua, esperando que se acerque un pez, o avanza sigilosamente a lentas zancadas. En vuelo es muy fácil de identificar por su cuello doblado y sus alas anchas y redondeadas. Su canto es un sonoro graznido.

La Camargue
En el sur de Francia, ha perdido parte de su extensión de humedal, pero sigue teniendo sus famosas manadas de caballos y reses salvajes, y es un valioso refugio para flamencos, garcillas, martinetes y otras muchas aves.

Libélula deprimida
Esta libélula, de cuerpo ancho y aplastado, tiene un vuelo veloz y errático. Como otras libélulas y caballitos del diablo, se reproduce en los humedales y vive la fase de ninfa bajo el agua, antes de convertirse en insecto adulto con alas.

El Coto de Doñana es una extensa sucesión de marismas, páramos y dunas. Alberga 226 especies de aves, y es el último refugio de dos especies en grave peligro, el águila imperial y el lince ibérico, el único felino español.

Rana bermeja
Como todas las ranas adultas, la rana bermeja tiene las patas traseras largas y fuertes para dar grandes saltos y escapar de los depredadores. Es carnívora, y caza insectos con un golpe de su lengua pegajosa. Estas ranas viven casi siempre en tierra, pero se reúnen en las charcas para aparearse al comenzar el año.

MAR MEDITERRÁNEO

Reptiles

Los marjales del norte son muy fríos para los reptiles, menos para los que viven en el agua, como las culebras y los galápagos. En el sur de Europa, donde el clima es más cálido, viven serpientes y lagartos en la tierra, como el lagarto ágil y la víbora hocicuda.

Culebra bastarda

Esta serpiente, muy venenosa, vive en el matorral seco de los humedales del sur, como en el Coto de Doñana, La Camargue, en Francia o el delta del Nestos, en Grecia. Caza sobre todo otros reptiles, como la lagartija colilarga y el eslizón ibérico. Tiene muy buena vista, algo raro entre las serpientes.

Peces de aguas corrientes

Los peces como el leucisco cabezudo, el alburno, la carpa, el rutilo y la brema se alimentan de las plantas e insectos que abundan en los ríos de curso lento. El leucisco común y el barbo comen insectos en aguas más rápidas. Corriente arriba, hay truchas, alevines de salmón y foxinos.

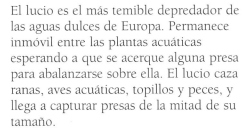

Lucio

El lucio es el más temible depredador de las aguas dulces de Europa. Permanece inmóvil entre las plantas acuáticas esperando a que se acerque alguna presa para abalanzarse sobre ella. El lucio caza ranas, aves acuáticas, topillos y peces, y llega a capturar presas de la mitad de su tamaño.

Brema

La brema vive cerca del fondo de aguas tranquilas. Allí abunda el alimento: larvas de insectos, gusanos y moluscos. Mientras come, suele mantener una postura vertical, como si apoyara la cabeza en el fondo. En junio o julio se reúne en grandes bancos en las aguas someras y con vegetación para criar. La agitación de los peces es tal en esos meses que el agua parece hervir.

Peces de aguas quietas

En los lagos y charcas viven peces como la tenca, que nada lentamente cerca del fondo cazando animalillos. Aquí también vive la perca, que yace entre las plantas a la espera de peces menores, como el alburno y el escardino. El espinoso construye un nido para criar su prole.

Nutria europea

Hay pocos pequeños mamíferos que estén tan bien adaptados al agua como la nutria, de cuerpo flexible, piel impermeable y pies palmeados. Nada con asombrosa destreza persiguiendo peces y ranas. Caza de noche y duerme de día en su madriguera. La contaminación ha diezmado su número, pero se está recuperando en los ríos que se han limpiado.

Mamíferos acuáticos

La gran masa vegetal y los insectos de los humedales atraen a muchos pequeños mamíferos, como la rata común, el topillo agreste, la rata de agua y el desmán. Por las orillas merodean depredadores como el zorro y el gato montés.

MAR BÁLTICO

MONTES CARPATOS

MAR ADRIÁTICO

Río Danubio

MAR NEGRO

CORDILLERA DEL CÁUCASO

Río Volga

MONTES URALES

Los marjales de Pripet, en la frontera entre Ucrania y Bielorrusia, siguen siendo los marjales más extensos de Europa. Allí viven alces, jabalíes, linces europeos, castores y muchos otros mamíferos, junto a numerosas aves como gallos lira, grévoles, oropéndolas, pájaros carpinteros, búhos, herrerillos y patos.

El delta del Danubio es un laberinto de riachuelos, lagos y marismas, y alberga a muchas especies de anfibios, más de 300 especies de aves (entre ellas, pelícanos, rascones, cormoranes y canasteras), e incontables peces, como el esturión, la anguila y el espadín.

El delta del Volga es un inmenso humedal de riachuelos y lagos, y en él se alimentan millones de aves migratorias, como cisnes, garzas, íbises y especies más escasas, como la garceta grande y el pájaro moscón.

Entre la tierra y el agua

Los humedales de Europa están entre los hábitats más importantes para las aves de esta parte del mundo. Ningún otro animal es capaz de sacar tanto partido a la mezcla de tierra y agua ni de enfrentarse tan bien a las frecuentes inundaciones. Existen muchos tipos de humedales, pero en todos ellos viven aves acuáticas y zancudas, y otras muchas los utilizan como lugares de descanso en sus migraciones. Los humedales aparentan ser hábitats muy homogéneos: solo hierba, barro y agua, pero cada ave tiene un nicho especial y explota un aspecto peculiar del hábitat, y cada una elige un sitio distinto para anidar.

Adaptación al humedal: picos para el barro

Las aves de ribera caminan por la orilla sondeando el barro y la arena en busca de comida con su largo pico. Cada especie tiene un pico de distinta forma y longitud para buscar alimentos diferentes y así no competir con las demás especies. Por ejemplo, los chorlitejos tienen un pico corto y comen cerca de la superficie, mientras que el pico de las agujas es muy largo para buscar los gusanos que se entierran en el barro.

La aguja colipinta cava profundamente para buscar pequeños cangrejos, camarones, pulgas de arena, insectos y gusanos.

El avefría se alimenta de una gran variedad de larvas de insecto y gusanos, ligeramente por debajo de la superficie.

El chorlitejo grande come camarones, caracoles, gusanos e insectos cerca de la superficie.

La agachadiza hace un nido en forma de copa en orillas fangosas.

El archibebe hace un nido cóncavo con hierbas y carrizos, oculto entre la hierba de la orilla.

El aguilucho lagunero teje con carrizos un gran nido en forma de plato entre los juncos.

La polluela hace su nido en orillas herbáceas, atando hierbas y juncos en un montón en forma de copa.

La avoceta anida en depresiones abiertas en las islas.

El ánade friso busca un hoyo entre las plantas en una isla, y lo forra con plumón y hojas.

El porrón común rasca una pequeña depresión en una isla, y la forra de hierba.

El pato cuchara busca una ligera depresión en una isla, y la llena de hierba, plumas y plumón.

La aguja colinegra anida en un hoyo oculto por la hierba en una isla.

El águila pescadora hace un gan nido sobre un pino.

La garza real anida en colonias sobre los árboles o en las orillas con carrizos. Las plataformas de los nidos tienen 1 m de ancho, y están hechas de palos y ramitas.

El ánade real anida en los agujeros de los árboles.

La cerceta carretona anida en el suelo, en tierra seca cerca de macizos de hierba, y hace su nido de hierbas y ramas.

La lavandera boyera anida en herbazales secos, en un hoyo cubierto de hierba y tallos, y forrado por dentro con pelos y borra.

El rascón construye un gran nido sobre el barro entre los carrizos, con hojas y tallos secos.

El carricero común anida en un gran cuenco de hierbas tejidas alrededor de varios tallos, encima del agua.

El somormujo lavanco hace su nido en una plataforma flotante de hierbas, ancladas entre los juncos.

El bigotudo hace un cestillo de carrizos tejido entre tallos de esa planta, muy alto sobre el agua.

La focha común construye un nido flotante de carrizos, que suele tener una rampa hacia el agua.

La polla de agua hace una plataforma flotante con plantas acuáticas secas.

¡Fauna en peligro!

Zarapito fino

El zarapito fino puede ser la primera ave en extinguirse de Europa en los últimos 150 años, por la desaparición de los humedales. Este pariente menor del zarapito real cría en Rusia e inverna en el Mediterráneo. Últimamente, solo se han visto nueve de ellos.

Ánsar careto grande

Los cuarteles de invierno del ánsar careto grande en Escocia e Irlanda estuvieron en peligro por la extracción de turba. Estas zonas están protegidas ahora, pero la especie se enfrenta a otra amenaza: el calentamiento global afecta a su territorio de cría en el Ártico.

Desecar los humedales

Durante siglos, la agricultura se ha "apropiado" de grandes extensiones de humedal en Europa y América. Para conseguirlo, estas tierras han sido desecadas. Hoy, las grandes zonas están protegidas, pero muchos pequeños humedales y pantanos se siguen desecando para cultivar o construir edificios.

Humedales de África

África es un continente sorprendentemente rico en zonas húmedas. Más del 4% de su suelo son humedales permanentes, y hay áreas muy extensas que se convierten en zonas pantanosas durante la época de lluvias. Pocos animales grandes (como el hipopótamo) viven en el corazón de los humedales.

Delta del Níger
En los manglares del delta del Níger viven hipopótamos, manatíes, nutrías y más de 150 especies de peces.

Lago Chad
Este lago es un humedal notable al borde del Sahara, en el que viven o se detienen millones de aves, como ibis y espátulas.

GOLFO DE GUINEA

Río Congo

Cuenca del Congo
El río Congo tiene más especies de peces que ningún otro, salvo el Amazonas. En la selva que inunda viven animales únicos, como la gineta acuática, la nutria de marisma y la musaraña nutria de Ruwenzori.

Manglares del este de África
Entre las raíces de los manglares viven dugongos, tortugas marinas y numerosos peces.

Lago Tanganyika

Lago Malawi

Delta del Okavango
Este es uno de los hábitats más importantes del mundo (ver páginas 112-113).

Cocodrilo del Nilo

Este enorme reptil pasa gran parte del día descansando al sol. Para cazar permanece inmóvil en el agua al acecho de los animales que se acercan a beber a la orilla y, cuando atrapa uno, lo arrastra al agua para ahogarlo. Así puede matar desde cigüeñas hasta búfalos. Los cocodrilos adultos tragan piedras, que actúan como lastre para conseguir equilibrarse en el agua.

Reptiles y anfibios
Los cálidos humedales de África son un buen hábitat para los reptiles. Allí viven lagartos como el varano de agua, y serpientes como la culebra de agua verde y la serpiente de hierba oliva. Hay anfibios como ranas de las charcas, de los carrizos y de los nenúfares.

Caracol acuático *Bulinus*

Esta es una de las muchas especies de caracoles acuáticos africanos. Es portador de la duela del hígado, un parásito de los animales y del hombre que pone sus huevos en el agua. Estos son comidos por el caracol, y eclosionan en su interior.

Invertebrados*
Los insectos más espectaculares de las marismas son las grandes y coloridas libélulas. El agua cálida y la vegetación densa atraen moluscos y gusanos como el gusano de los pantanos, que respira con un tubo a través del fango.

Peces
En los humedales africanos abundan los peces, muchos de gran tamaño. En el río Okavango hay 65 especies, entre las que se incluyen los peces gato, el lucio africano, los peces joya y los peces tigre. En el Nilo vive el mayor pez de agua dulce del mundo, la perca del Nilo, que alcanza 1,8 m de largo y 130 kg de peso.

Dipnoo africano

En las aguas de los humedales, pobres en oxígeno y no siempre permanentes, viven peces con pulmones para respirar aire. Los peces pulmonados, o dipnoos, son los ancestros de los vertebrados con patas. Cuando se seca una laguna por falta de lluvia, los dipnoos se entierran en el barro y viven varios meses en estado de letargo.

Flamenco

Con sus patas y cuello largos y su plumaje rosado, los flamencos tienen un aspecto llamativo, y es fácil verlos en grandes bandadas en los lagos africanos. Se alimentan al modo de las ballenas: filtran plancton del agua a través de unos "peines" de su pico, único entre las aves.

Aves zancudas
Una de las visiones más espectaculares de los humedales africanos son las enormes bandadas de aves que vadean las aguas someras buscando peces, ranas y caracoles. Entre ellas están el martinete, el ibis sagrado, el picozapato, la espátula, el marabú y el ave martillo.

El Sudd

Todos los años, una extensa zona del sur de Sudán se inunda y forma el Sudd, que cobija y da alimento a enormes grupos de aves y mamíferos migratorios como los antílopes lechwes, kobos y las gacelas Mongala.

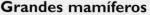

Río Nilo

Grandes mamíferos

Muchos de los grandes mamíferos migran hacia los humedales o salen de ellos en respuesta a las fluctuaciones del nivel de agua. Durante la estación seca, las avenidas de agua de las montañas inundan la pradera circundante. En ella se reúnen rinocerontes, elefantes y jirafas.

Hipopótamo

Los hipopótamos son residentes fijos de los humedales. Son grandes animales que pasan el día en el agua y pastan en tierra por la noche. Aunque solo comen plantas, son fuertemente territoriales y se dice que han matado más personas en África que cualquier otro animal. Sus enormes mandíbulas con dientes de hasta 60 cm de largo pueden destrozar una barca.

Aves voladoras

Los humedales africanos albergan un inmenso número de aves. Solo en el delta del Okavango hay más de 400 especies, y no solo aves acuáticas como los pelícanos y el ánsar pigmeo, sino también otros pájaros atraídos por la selva circundante, como los loros, abejarucos, indicadores y alcaudones.

Pelícano vulgar

Los pelícanos están entre las mayores aves de agua dulce, pues alcanzan los 3 m de envergadura. Para pescar trabajan en equipo, nadando en un cerrado semicírculo para llevar los bancos de peces a aguas someras, donde pueden comer plácidamente. Recogen grandes cantidades de agua con el pico y luego la dejan escapar, reteniendo los peces.

Aves rapaces

Los grandes peces de los humedales atraen al águila vocinglera, pero también hay presas para el águila moteada y el cernícalo de Dickenson. También vive allí el cárabo pescador de Pel, que captura peces por la noche gracias a su asombrosa visión nocturna.

Águila vocinglera

Conocido como "la voz de África" por su llamada fuerte y ululante, el águila vocinglera es una enorme rapaz de hasta 3,6 kg de peso. Para pescar, acecha inmóvil desde la orilla y luego planea a ras de agua para atrapar a los peces con un zarpazo hacia atrás. A veces se zambulle y bucea en persecución de peces grandes.

Mangosta de agua

Este animal, experto nadador y buceador, es probablemente la mangosta mejor adaptada a la vida en tierra pantanosa. Caza de noche, nadando o correteando por las orillas en busca de cangrejos, peces, ranas y culebras, a los que atrapa con sus afiladas garras. Para partir el caparazón de los cangrejos, los golpea contra una roca.

Mamíferos herbívoros*

En determinadas épocas del año, los enormes rebaños de animales como el kudú, el impala y el búfalo se desplazan desde la sabana para aprovechar el agua y la abundante hierba. Algunos, como el antílope acuático, el sitatunga y el antílope lechwe, viven de forma permanente en tierras pantanosas.

Antílope lechwe

Este antílope está bien adaptado a vivir en lugares pantanosos. Es buen nadador, y es fácil verlo pastando mientras está sumergido hasta la espalda en el agua. Sus pezuñas anchas le permiten moverse en terreno blando, pero estas pezuñas lo hacen más lento en tierra firme. Por eso prefiere desplazarse con los cambios estacionales a zonas pantanosas, donde el suelo blando le da seguridad.

Mamíferos depredadores

Los leones y las hienas, y a veces los licaones y los guepardos, merodean entre el arbolado que rodea los humedales. A veces pueden oírse en la noche los gritos del leopardo y del caracal, parecido al lince. Pero pocos de ellos se adentran en los humedales.

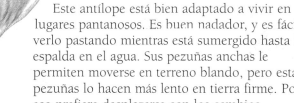

El mundo del hipopótamo

El delta del Okavango, en Botsuana, no está junto al mar, sino en medio del desierto. El río desaparece anegando cerca de 13.000 km², y creando uno de los mayores humedales del mundo, una plácida expansión de canales serpenteantes, lagunas bordeadas de papiros y praderas. La extensión del delta varía con las estaciones, aumentando en la época de lluvias y también cuando llueve en el río Okavango, en Angola. Los elefantes y otros grandes mamíferos visitan el delta esporádicamente, y durante el resto del año viven allí muchos animales: hay más de 400 especies de aves, y mamíferos, desde leones hasta titíes. Sin embargo, el Okavango es, sobre todo, el reino del hipopótamo, que juega un papel clave en el ecosistema.

Adaptación al humedal: pies para no hundirse

En muchas partes del humedal la superficie es muy blanda, y a menudo no consiste más que en vegetación empapada. Para marchar sobre ella con seguridad, algunos animales han desarrollado pies anchos que reparten su peso en el suelo. El sitatunga y el antílope lechwe tienen pezuñas abiertas para andar en suelo blando, y el jacana tiene los dedos muy largos para caminar sobre las hojas flotantes.

Jacana

Los dedos se extienden ampliamente para repartir el peso del ave sobre varias hojas.

Sitatunga

Las pezuñas abiertas son perfectas para el suelo encharcado, pero entorpecen la carrera en tierra firme.

Clareo del suelo
Los hipopótamos salen a tierra al anochecer para comer hierba. Cada uno consume hasta 45 kg en una noche. Los senderos que recorren entre el matorral mientras buscan sus hierbas favoritas facilitan el acceso de otros animales al agua. Al pastar, mantienen la hierba corta y estimulan su regeneración, a la vez que impiden que crezcan árboles y arbustos.

Un buen revolcón
en el barro protege al hipopótamo contra la picadura de los insectos y, a la vez, remueve los nutrientes que benefician a otros animales.

El jabirú africano
come caracoles acuáticos, que se alimentan de plantas "abonadas" con las heces del hipopótamo.

Abono enriquecido
El hipopótamo depone grandes cantidades de heces en el agua, suministrando a esta nutrientes vitales para los microorganismos y las plantas. Ello beneficia a los peces que, a su vez, son alimento de peces mayores, cocodrilos y aves.

Nacer en el agua
Los hipopótamos nacen bajo el agua, y han de nadar para tomar su primera bocanada de aire. Flotan de forma natural, y a veces galopan grácilmente por el fondo a gran velocidad.

Enorme bocado
Cuando un hipopótamo macho "bosteza", puede que esté mostrando sus enormes colmillos para intimidar a algún intruso. A veces, los machos combaten entre sí e intentan morderse.

Hipopótamos en el agua

Los hipopótamos suelen permanecer en el agua asomando solo los ojos, las orejas y los orificios nasales. Pueden sumergirse totalmente hasta media hora, para lo que cierran los orificios nasales y retardan su ritmo cardíaco.

Baño de nubes

Los hipopótamos pasan el día en el agua para refrescarse y para proteger su piel del sol. En días nublados suelen salir a descansar sobre la arena. El sudor del hipopótamo tiene un pigmento rojo que actúa de filtro contra los rayos solares.

Hipopótamo

El hipopótamo es un animal enorme; un macho puede alcanzar los 3.200 kg de peso. Durante el día permanece semisumergido para proteger su sensible piel del sol, y de noche sale a comer hierba. En otro tiempo había hipopótamos en casi todo el sur de África, pero hoy están confinados en varias reservas.

Sitio para comer

Para el ave martillo, la ancha espalda del hipopótamo es un lugar perfecto para posarse al atardecer a escudriñar el agua en busca de peces, anfibios, insectos y crustáceos.

Alimentación

Los hipopótamos se alimentan de hierba sobre todo, pero de vez en cuando comen lechuga de agua y otras plantas flotantes, despejando así la superficie. La lechuga de agua crece con tal densidad que, desde lejos, un lago puede parecer una pradera. Al desplazarse por las lagunas, los hipopótamos abren canales en la superficie.

Clareo de la tierra

Con su enorme masa, los hipopótamos abaten sin problemas los macizos de papiro (semejante a cañas finas) cuando salen del agua y, al hacerlo, dejan espacios libres para que los cocodrilos hagan sus nidos entre los carrizos.

¡Fauna en peligro!

Sitatunga

El sitatunga es muy buscado tanto como trofeo como por su carne y, como sigue los senderos que dejan los hipopótamos, es fácil poner trampas para atraparlo. Ya se ha extinguido en muchos lugares, y los planes hidrológicos y la agricultura amenazan su refugio en el Okavango.

Búho pescador de Pel

El búho pescador de Pel es una de las mayores rapaces nocturnas, y una de las pocas que come peces. Aunque todavía es común en algunos lugares, es muy escaso en otros al alterarse su hábitat de marjales y ríos por la desecación y la construcción de presas.

Antílope lechwe negro

Los antílopes lechwe son animales medianos que comen plantas de marjal y se mueven bien en el agua. En otro tiempo formaban enormes rebaños en los humedales del sur de África. Pero su abundancia los hacía fáciles de cazar, y su hábitat se está reduciendo. El lechwe negro solo vive en los marjales de Bangweulu, en el norte de Zambia, y es objeto de un proyecto de conservación.

Montañas y regiones polares

Las montañas y las regiones polares son los ambientes más fríos y extremos de la Tierra. El corazón de las zonas polares y las cumbres de las montañas más altas son tan frías que están cubiertas de hielo y nieves perpetuas, y son frecuentes en ellas la niebla, el viento huracanado y las ventiscas.

•

Escalar una alta montaña en los trópicos es, a pequeña escala, hacer un viaje del ecuador a los polos. Cada 200 m que se ganan en altitud, la temperatura baja 1 °C, y la vegetación cambia de selva tropical a bosque mixto y, luego, a bosque boreal, antes de llegar a la tundra alpina y acabar en la cumbre nevada.

•

Son pocos los grandes animales que viven en estas zonas de nieves y hielos perpetuos, como el oso blanco, en el Ártico, y el yac, en el Himalaya. Gran parte de la fauna polar y de alta montaña vive cerca de los límites del hielo, que cambian con las estaciones, en la tundra o más abajo, en el bosque boreal.

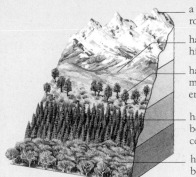

Las altas montañas y sus diferencias

a partir de 2.700 m:
roca desnuda y nieve

hasta 2.700 m:
hierbas y flores alpinas

hasta 2.400 m:
matorral enano, como
enebro y abedul de montaña

hasta 2.000 m:
bosque de coníferas,
como alerces y abetos

hasta 1.000 m:
bosque mixto caducifolio

Alpes

Los Alpes, en la zona templada, están más cerca de los polos que otras altas cordilleras. La línea de nieves perpetuas está muy baja, a 2.700 m. Bajo ella, la vegetación cambia a medida que desciende hacia zonas más cálidas, hasta convertirse en bosque mixto caducifolio. Los pisos vegetales varían en cada ladera según su exposición al sol.

África

En África tropical, la línea de nieves perpetuas se encuentra a mayor altitud. En los picos más altos del este está por encima de 5.000 m: a 5.895 m en el monte Kilimanjaro, y a 5.199 m en el monte Kenya. Bajo la línea de nieves perpetuas, la vegetación desciende desde la tundra alpina hasta la sabana. La tundra alpina se expone a un sol abrasador durante el día y a un frío gélido por la noche, e incluye plantas exclusivas de esta región.

a partir de 5.000 m:
roca desnuda y nieve

hasta 5.000 m:
plantas afroalpinas, como
la lobelia gigante y el senecio

hasta 4.000 m:
matorral enano y macizos
de árboles, como *Erica
arborea* y *Erica philippia*

hasta 3.300 m:
bosque de bambú

hasta 2.700 m:
selva de montaña

hasta 2.200 m:
hierba y matorral de sabana

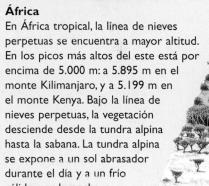

a partir de 4.500 m:
roca desnuda y nieve

hasta 4.500 m:
pradera con flores alpinas

hasta 3.800 m:
matorral enano,
como rododendros

hasta 3.200 m:
bosque de coníferas, con
especies como el cedro

hasta 2.000 m:
bosque de latifolios

hasta 1.000 m:
selva subtropical

Himalaya

En la cordillera del Himalaya están las montañas más altas del mundo, con el Everest, de 8.850 m, a la cabeza. Por encima de los 4.572 m, todos los picos de la cordillera están cubiertos de nieves perpetuas. Por debajo, la vegetación cambia de tundra alpina hasta selva subtropical. En el Tíbet, que está en el Himalaya, hay vastas mesetas de gran altitud donde el frío y la sequedad solo permiten crecer cortas hierbas alpinas. Esta región se suele llamar estepa alpina.

Los ambientes

Los hábitats polares y de montaña tienen mucho en común. Cerca del ecuador, un hábitat tan extremo solo se da en las cimas más altas. En la zona templada, se encuentra a menos altitud. En los polos se halla a nivel del mar.

Las altas cumbres

Riscos empinados, laderas abruptas y un frío constante hacen difícil a las plantas, menos a los líquenes, echar raíces en las cimas de las montañas. Las cumbres son terrenos baldíos árticos.

Flores alpinas

En la zona templada están muy marcados los cambios estacionales. En primavera, la nieve que ha caído por debajo de la línea de nieves perpetuas se derrite. En las praderas cercanas a dicha línea se abren diminutas flores de plantas alpinas. En el Ártico, la primavera da flores similares.

Selva nublada

En los trópicos, la niebla suele cubrir las laderas bajas de las montañas. Aquí crece una espesa "selva nublada" que alberga plantas únicas y en la que se refugian algunos de los animales más amenazados del mundo, como el gorila.

Montañas

La vida es dura a gran altitud: los vientos son gélidos, el aire es poco denso, las laderas son empinadas y la vegetación es muy escasa. Algunos animales, como la cabra montés, se han adaptado a estas condiciones. Muchos habitantes de las montañas, como el ciervo, son migrantes y solo ascienden en verano. Otros son refugiados, como el puma, forzado por la presión humana.

América

Oso de anteojos

Este es el único oso originario de Suramérica. En otro tiempo vivía incluso cerca de la costa, pero la actividad humana lo ha ido empujando a zonas cada vez más altas, y hoy solo vive en bosques nublados a más de 1.000 m de altitud. Es principalmente herbívoro, y su dieta incluye cactus y hojas.

Mamíferos depredadores

Las montañas de Norteamérica son el último refugio para algunos depredadores que antes estaban más difundidos, como el lobo, el coyote, el oso pardo, el lince y el puma. En los Andes, el puma es el único gran depredador aparte del oso, principalmente vegetariano.

Cóndor de California

Los buitres del Nuevo Mundo son grandes aves de presa que se alimentan sobre todo de carroña. El más conocido es el cóndor de California, la mayor ave de Norteamérica, de 3 m de envergadura. Quedan alrededor de 180, de los que solo la tercera parte vive en libertad.

Las montañas Rocosas

se extienden desde la helada cordillera de Brooks, en Alaska, hasta la Sierra Madre tropical de México, con sus valles selváticos poblados de loros y guacamayos.

Aves rapaces

Pocos animales están tan bien adaptados a la altura como las aves, de abrigado plumaje y pulmones ideales para el aire enrarecido, y que pueden explorar las montañas arriba y abajo en busca de presas. En las montañas americanas viven aguiluchos, como el de Cooper, águilas reales y halcones.

Pequeños mamíferos

El frío de las cumbres es especialmente problemático para los pequeños mamíferos. En invierno, muchos de ellos, como la marmota, hibernan en su madriguera. Los que permanecen activos, como el pica alpino, suelen depender de la comida que han almacenado en otoño.

Liebre de raquetas

Esta liebre vive tanto en los bosques de alta montaña como en los bosques boreales de Canadá. Su pelaje pardo de verano muda a blanco en invierno para camuflarse en la nieve. Su población varía en un ciclo de unos 9 años, en función del alimento disponible.

Grandes mamíferos

Las diversas especies de herbívoros se han adaptado para vivir de las plantas que crecen en laderas casi inaccesibles. El íbice, el *bighorn* y el carnero de Dahl en Norteamérica, y la vicuña suramericana, son ágiles escaladores y tienen más glóbulos rojos en su sangre que otros animales para aprovechar el escaso oxígeno.

Cabra de las nieves

La cabra de las nieves, o cabra blanca, vive cerca de la línea de nieves perpetuas, y come líquenes y hierba. Su pelaje áspero conserva el calor corporal, y sus pequeñas pezuñas le permiten equilibrarse cuando salta a las cornisas más estrechas. El borde de sus pezuñas es rugoso para no resbalar.

CORDILLERA DE BROOKS

MONTAÑAS ROCOSAS

SIERRA MADRE

CORDILLERA DE LOS ANDES

CADE DEL AT

Eurasia

Invertebrados

En las alturas, los insectos como lepismas, moscas atonómidas, mariposas apolo y mariquitas se reúnen para comer donde florecen las plantas alpinas, o en las grietas donde hay esporas de líquenes y musgos. Algunos de ellos se refugian bajo las rocas junto a ciempiés, tijeretas y arañas átidas.

Mariposa apolo

La mariposa apolo emerge de su capullo en primavera para libar el néctar de las diminutas flores de montaña de Eurasia. Resiste sorprendentemente el frío, y a veces vuela por encima de la línea de nieves perpetuas. Sus orugas se alimentan de la planta alpina *Sedum*.

Marmota bobac

La marmota bobac, o del Himalaya, es uno de los mamíferos que viven a mayor altitud, encontrándose desde los 4.000 m hasta la línea de nieves perpetuas en las montañas de Nepal, India y Tíbet. Se alimenta de hierbas y flores, y vive en complicadas madrigueras con zonas de descanso, "aseos" y dormitorios en los que hiberna durante siete meses en invierno.

Pequeños mamíferos

En las cordilleras de Europa y Asia viven pequeños animales que están activos todo el año, como el pica alpino y el topillo de montaña, que amontonan hierba seca para comer en invierno. En cambio, la marmota alpina, la de manto negro y otras hibernan.

La cordillera del Himalaya tiene las montañas más altas del mundo y alberga especies animales únicas, como el topillo de alta montaña, el tar y el raro leopardo de las nieves.

CAUCASO

HINDU-KUSCH CORDILLERA DEL HIMALAYA

ES

Aves voladoras

Algunas aves como los pinzones, chovas y perdices nivales son residentes fijos de las altas montañas y se alimentan de los abundantes insectos y semillas que allí encuentran. Los cuervos y ánsares llegan en verano; algunas aves migradoras, como los ánsares y correlimos, sobrevuelan las montañas.

Bisbita ribereño alpino

Los pájaros planean en las corrientes ascendentes para alcanzar las cumbres más altas. Se han visto chovas volando a más de 8.000 m en el Everest. El bisbita ribereño alpino no llega muy alto, pero cría muy por encima de los límites del bosque y, en verano, anida con frecuencia sobre la línea de nieves perpetuas.

Quebrantahuesos

El quebrantahuesos es una gran rapaz de enormes alas. Come carroña, como otros buitres, pero ha aprendido a aprovechar las partes más duras del esqueleto. Cuando encuentra un hueso grande, vuela a gran altura y lo deja caer sobre una roca para partirlo; de este modo puede comer la médula de su interior.

Grandes mamíferos

Muchos herbívoros parientes de las cabras y los muflones trepan para pastar en las altas praderas en primavera, entre ellos el tar, el marjor, el íbice siberiano, de enormes cuernos, y el argali, el mayor de los muflones. El peludo yak vive a altitudes de 6.000 m en el Himalaya.

Rebeco

El ágil rebeco puede correr arriba o abajo en laderas casi verticales con sus pezuñas antideslizantes, saltar más de dos veces su altura o salvar grietas vertiginosas de 6 m de ancho. Estas proezas pueden realizarlas ya a las pocas semanas de edad. El rebeco se alimenta en las altas praderas en verano, pero baja al bosque en invierno.

Aves rapaces

Las expuestas laderas de las montañas son un terreno de caza ideal para las rapaces, y en las montañas de Eurasia se refugian muchas especies escasas como las águilas reales, los halcones de montaña y los buitres. También hay muchas rapaces carroñeras, como el buitre del Himalaya y el buitre leonado.

El Himalaya

La cordillera del Himalaya es la más alta del mundo, un inmenso territorio abrupto con descomunales picos de más de 8.000 m de altura. La palabra *Himalaya* significa, en antiguo sánscrito, "morada de las nieves", un nombre adecuado para esta tierra de cumbres blancas y paredes de granito negras. Pero las montañas no son solo hielo y roca. Justo bajo la línea de nieves perpetuas crecen hierbas, líquenes y musgos junto con la *Saussurea*, una planta baja y fibrosa que se aferra al suelo tan íntimamente que crea su propio microclima. Más abajo surgen flores alpinas, como gencianas, saxífragas y prímulas, y aún más abajo, los macizos de rododendros tiñen las laderas de rosa en primavera. Por debajo de los 4.000 m prosperan los pinos azulados del Himalaya, junto con abedules y enebros. Pero incluso a esta altitud, el Himalaya es un medio ambiente duro para los animales, a pesar de lo cual 28 especies de mamíferos, más de 120 aves y miles de insectos hacen de estas montañas su hogar y consiguen sobrevivir a los rigores de las grandes altitudes.

Un amanecer en el Himalaya

Al salir el sol sobre el Himalaya, la nieve de los picos bañados por su luz se vuelve rosada, mientras las laderas, más abajo, yacen en una penumbra azul. En las praderas de alta montaña, las mariposas apolo revolotean en busca de flores alpinas, mientras los topillos nivales corretean entre la hierba tomando sus últimos bocados antes de volver a su madriguera diurna. Más lejos, una bandada de ánsares de cabeza rayada (visitantes estivales de la baja montaña) picotean la hierba.

•

Sobre una roca, agazapado para no ser visto, un leopardo de las nieves observa una familia de picas, o liebres silbadoras, que comen hierba. Una marmota bobac se alza sobre las patas traseras para escuchar y, cerca, dos perdices nivales buscan semillas en el suelo.

•

Muy arriba, un buitre negro planea sobre las laderas, sostenido por el viento de la montaña, y un par de buitres del Himalaya descienden en busca de carroña. Más lejos, un rebaño de tars, parecidos a cabras, trepan por una estrecha cornisa, mientras un marjor vaga por un barranco buscando un sitio para beber. A lo lejos, los íbices siberianos saltan de roca en roca.

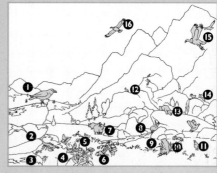

CLAVE

1 Cuervo	9 Marmota bobac
2 Escorpión	10 Pica alpino
3 Tijereta	11 Perdiz nival
4 Mariposa apolo	12 Tar
5 Ánsar de cabeza rayada	13 Leopardo de las nieves
6 Topillo nival	14 Íbice siberiano
7 Yac	15 Buitre del Himalaya
8 Marjor	16 Buitre negro

Los hielos polares

El Ártico y el Antártico son los hábitats más hostiles del mundo. Durante medio año reina un frío inimaginable y una oscuridad casi permanente. Pero hay un breve verano en el que florecen plantas, los insectos se multiplican y llegan muchas aves para alimentarse. Algunos recios animales, como el oso blanco, viven allí todo el año, y siempre hay vida en el mar.

Albatros viajero

El albatros viajero es el ave de mayor envergadura del mundo, con más de 3,6 m de punta a punta de sus alas. Estas le permiten planear horas y horas sin mover casi ninguna pluma. Pasa casi toda su vida en el aire, bajando ocasionalmente para cazar un calamar de la superficie del mar.

La Antártida

Pájaros bobos

Los pájaros bobos, o pingüinos, resisten el frío gracias a su abrigo de plumas especiales y a la capa de grasa bajo la piel. No pueden volar, pero bucean con destreza y se alimentan de peces, muy abundantes aquí. Hay siete especies de pingüinos.

Pingüino emperador

Este es el mayor de los pájaros bobos, con 1,25 m de alto. Puede sumergirse a más de 250 m para pescar, y permanece hasta 20 minutos bajo el agua. Es una de las pocas especies que cría en el hielo Antártico. En otoño, la hembra pone un huevo y parte al mar; el macho, que resiste todo el invierno sin comer, queda incubando el huevo con sus pies.

Mamíferos marinos

Los grandes depredadores antárticos no son mamíferos terrestres, sino focas y ballenas. La foca leopardo ataca a los pingüinos, y la orca caza focas. La abundancia de peces hace que aquí vivan más focas que en el Ártico, incluyendo el elefante marino, la mayor de todas.

Bacalao antártico

El bacalao antártico es el más grande de los peces del océano Antártico, con más de 70 kg de peso. Las frías aguas polares no permiten la vida de muchos peces, pero la sangre de este pez, como la de otras especies de estas aguas, tiene una sustancia anticongelante llamada glicoproteína que le permite vivir en el agua a temperaturas por debajo de 0 °C.

Peces

Los largos días de verano generan grandes cantidades de plancton e inmensos cardúmenes de kril*, de los que se alimentan los peces de las aguas antárticas. Hay pocas especies, como los peces del hielo, bacalaos y peces dragón, pero los bancos son enormes.

Rorcual azul

Las ballenas con barbas tienen en su boca una criba formada por unos "peines" córneos, las barbas, con las que filtran el kril del agua marina. En el Antártico hay seis especies de ballenas, como la franca austral, el rorcual aliblanco y el gigantesco rorcual azul, la mayor criatura que haya existido, con más de 24 m y 80 toneladas.

Aves marinas

Los pájaros bobos son los únicos residentes fijos de la Antártida. Otras 35 especies de aves visitan esta zona en verano, como los charranes, cormoranes, petreles y las gaviotas. Los págalos roban los huevos y los pollos de los pingüinos.

Simúlidos

Los simúlidos, o jejenes, son diminutos insectos muy parecidos a los mosquitos. Aparte de *Belgica antarctica,* que no tiene alas, en la Antártida hay otra especie de jején, *Parochlus steineni*. Este insecto cría en los lagos llenos de musgos acuáticos de la península del Norte. Su cuerpo, como el de otros animales de esta región, tiene proteínas anticongelantes.

Insectos

El animal exclusivamente terrestre más grande de la Antártida es un simúlido sin alas, de 1 cm. El mayor depredador es un ácaro. Hay pocas especies de insectos, pero viven en gran cantidad en el suelo, bajo las rocas y en los líquenes. Las lepismas viven en las pingüineras.

El Ártico

Oso blanco

Este es el oso más grande del mundo: el macho alcanza los 600 kg de peso. Su espeso pelaje y una capa de grasa bajo la piel lo aíslan del frío. En verano come bayas y pequeños roedores. En invierno, las hembras hibernan en cuevas de hielo, pero los machos vagan por el mar helado y cazan focas cuando salen a respirar. El oso blanco es un excelente nadador.

Mamíferos depredadores

En el desnudo paisaje ártico, los depredadores han de confiar en su camuflaje para acercarse a sus presas. En invierno, el pelaje de los zorros árticos, armiños y garduñas se vuelve blanco para pasar desapercibidos en la nieve, y se vuelve de nuevo pardo en primavera.

Moscardón

El moscardón ártico, llamado *kumak* por los inuit, es una mosca parásita que pone sus huevos en la piel de los caribús. Las larvas perforan la piel y viven bajo ella durante el invierno. Al verano siguiente, atraviesan de nuevo la piel, caen al suelo y se convierten en insectos adultos.

Insectos

En primavera, cuando se forman lagos y tremedales, miles de insectos salen de su letargo invernal. Los escarabajos y lepismas corretean por la tundra, mientras que las mariposas y abejas liban el néctar de las flores árticas. En verano, los inmensos enjambres de mosquitos y moscas negras se ceban en los mamíferos.

Aves voladoras

Cuando llega la primavera, millones de aves llegan al Ártico para criar. Las bisbitas y lavanderas cazan insectos del suelo, las collalbas comen semillas y el avión zapador atrapa insectos al vuelo. En su migración hacia el norte, son seguidas de cerca por los halcones y esmerejones.

Perdiz nival

De las aproximadamente 180 especies de aves que anidan en el Ártico, muy pocas permanecen allí todo el año. Entre ellas están la perdiz nival, el escribano nival y el búho nival. La perdiz nival vuela poco, y come en el suelo bayas y hojas. En verano es parda, pero se vuelve blanca en invierno.

Aves marinas y limícolas

En verano los bordes de la banquisa se derriten y dejan al descubierto extensas áreas del mar, y muchas aves llegan para criar en las costas árticas. Hay limícolas como vuelvepiedras y correlimos; anátidas, como el ánsar de Brent, y aves marinas como frailecillos y gaviotas.

Charrán ártico

Muchas aves migran grandes distancias, pero ninguna tan lejos como el pequeño charrán ártico. Después de criar en el Ártico cuando allí es verano, se dirige al sur y vuela hasta el océano Antártico. Cuando llega allí, ha comenzado el verano austral. Hacia el final de esta estación, regresa al verano Ártico, completando un viaje de 35.000 km.

Mamíferos marinos

El invierno ártico es duro para las focas y ballenas, pues la superficie del mar se congela y les impide subir a respirar. Algunas migran a otras latitudes. Las focas que se quedan abren respiraderos royendo el hielo, y han de mantenerlos abiertos para que el hielo no los ciegue.

Foca pía

La foca pía, ágil y veloz nadadora, bucea a gran profundidad y pasa sumergida hasta media hora cazando bacalaos, capelines y otros peces. A medida que el borde de la banquisa* avanza y retrocede, las focas se desplazan con él en ruidosas manadas. Los cachorros nacen en el hielo en primavera, y maman durante varias semanas; luego, sus madres van hacia el norte para comer.

Mamíferos herbívoros

Cada primavera, los inmensos rebaños de renos y caribús migran a la tundra del norte para comer hierba, encabezados por las hembras preñadas. Día a día avanzan hacia el norte cruzando a nado ríos y ensenadas, hasta cubrir unos 1.000 km. Las crías nacen en el camino.

Alce

El alce es el mayor de todos los cérvidos. El macho alcanza un peso de 700 kg, y sus astas pueden medir hasta 1,8 m de ancho. Está bien adaptado al clima ártico, con unas patas largas como zancos que se mueven fácilmente sobre nieve profunda y un grueso pelaje que lo aísla del frío.

Clasificación de los animales

El reino animal se divide en grupos llamados *phyla* (en singular, *phylum*). Uno de los *phyla* son los "cordados", los animales con columna vertebral, como las tortugas o los tigres. Los animales sin columna vertebral, como los caracoles, las estrellas de mar o los escorpiones, son "invertebrados". La mayoría de los animales están dentro

de este grupo, o *phylum*: solo de insectos hay al menos 1.000.0 de especies. Cada *phylum* se divide a su vez en grupos más pequeños, hasta llegar a la especie. Así, por ejemplo, y empeza desde abajo, la especie oso pardo pertenece a la familia de los úrsidos, que pertenece al orden de los carnívoros, que a su vez está dentro de la clase de los mamíferos, que son cordados.

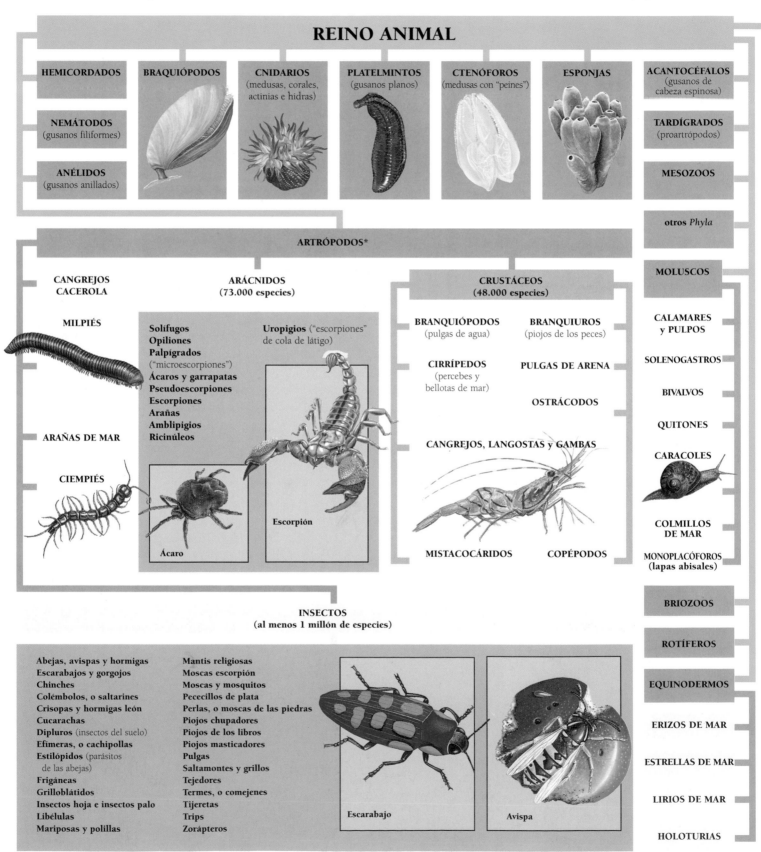

REINO ANIMAL

HEMICORDADOS

BRAQUIÓPODOS

CNIDARIOS
(medusas, corales, actinias e hidras)

PLATELMINTOS
(gusanos planos)

CTENÓFOROS
(medusas con "peines")

ESPONJAS

ACANTOCÉFALOS
(gusanos de cabeza espinosa)

NEMÁTODOS
(gusanos filiformes)

TARDÍGRADOS
(proartrópodos)

ANÉLIDOS
(gusanos anillados)

MESOZOOS

otros *Phyla*

ARTRÓPODOS*

MOLUSCOS

CANGREJOS CACEROLA

ARÁCNIDOS
(73.000 especies)

CRUSTÁCEOS
(48.000 especies)

MILPIÉS

Solífugos
Opiliones
Palpígrados
("microescorpiones")
Ácaros y garrapatas
Pseudoescorpiones
Escorpiones
Arañas
Amblipigios
Ricinúleos

Uropigios ("escorpiones" de cola de látigo)

BRANQUIÓPODOS
(pulgas de agua)

BRANQUIUROS
(piojos de los peces)

CALAMARES Y PULPOS

CIRRÍPEDOS
(percebes y bellotas de mar)

PULGAS DE ARENA

SOLENOGASTROS

OSTRÁCODOS

BIVALVOS

QUITONES

ARAÑAS DE MAR

CANGREJOS, LANGOSTAS y GAMBAS

CARACOLES

CIEMPIÉS

Escorpión

COLMILLOS DE MAR

Ácaro

MISTACOCÁRIDOS

COPÉPODOS

MONOPLACÓFOROS
(lapas abisales)

BRIOZOOS

INSECTOS
(al menos 1 millón de especies)

ROTÍFEROS

EQUINODERMOS

Abejas, avispas y hormigas
Escarabajos y gorgojos
Chinches
Colémbolos, o saltarines
Crisopas y hormigas león
Cucarachas
Dipluros (insectos del suelo)
Efímeras, o cachipollas
Estilópidos (parásitos de las abejas)
Frigáneas
Grilloblátidos
Insectos hoja e insectos palo
Libélulas
Mariposas y polillas

Mantis religiosas
Moscas escorpión
Moscas y mosquitos
Pececillos de plata
Perlas, o moscas de las piedras
Piojos chupadores
Piojos de los libros
Piojos masticadores
Pulgas
Saltamontes y grillos
Tejedores
Termes, o comejenes
Tijeretas
Trips
Zorápteros

ERIZOS DE MAR

ESTRELLAS DE MAR

Escarabajo

Avispa

LIRIOS DE MAR

HOLOTURIAS

CORDADOS
(45.000 especies)

REPTILES
(6.800 especies)

Cocodrilos y gaviales
Lagartos y serpientes
Tuatara

Tortugas y galápagos

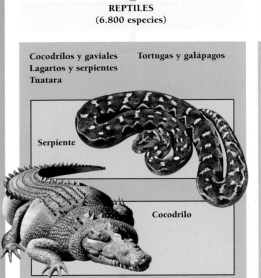

Serpiente

Cocodrilo

MAMÍFEROS
(4.600 especies)

Elefante

Ballenas y delfines
Carnívoros (gatos, osos, perros y martas)
Caguanes (lémures voladores)
Canguros, koalas y zarigüeyas
Cerdos hormigueros
Conejos, liebres y picas
Damanes
Desdentados (osos hormigueros y armadillos)
Elefantes
Erizos, topos y musarañas
Focas, otarios y morsas
Mamíferos con pezuña de dedos impares (caballos, rinocerontes y tapires)

Mamíferos con pezuña de dedos pares (camellos, toros, cabras y ciervos)
Manatíes y dugongos
Murciélagos
Musarañas elefante
Ornitorrincos y equidnas
Pangolines
Primates (prosimios y monos)
Roedores (ardillas, ratones, topillos y puercos espines)

Insectívoro

Primate

ANFIBIOS
(4.780 especies)

Cecilia

Cecilias
Ranas y sapos
Tritones y salamandras

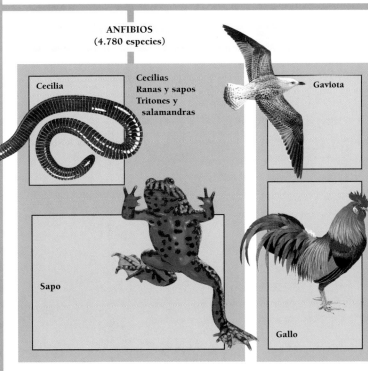

Sapo

Gaviota

AVES
(9.000 especies)

Abejarucos, carracas y martines pescadores
Águilas, milanos, halcones, aguiluchos y buitres
Albatros, petreles y paíños
Avestruces
Búhos y lechuzas
Casuarios y emús
Chotacabras
Colimbos
Cucos y correcaminos
Gallos, faisanes, perdices, pavos y codornices
Gangas y ortegas
Garzas, cigüeñas, ibises y flamencos
Gorriones, mirlos, cuervos, alondras, golondrinas, zorzales, carboneros, currucas y pinzones
Grullas, rascones, fochas y avutardas
Kiwis

Limícolas, gaviotas, charranes y alcas
Loros, guacamayos, cotorras y pericos
Ñandúes
Pájaros bobos, o pingüinos
Pájaros carpinteros, tucanes, jacamares e indicadores
Pájaros ratón
Palomas y tórtolas
Patos, porrones, ánsares, cisnes y serretas
Pelícanos, alcatraces, cormoranes y rabihorcados
Somormujos y zampullines
Tinamús
Trogones
Turacos
Vencejos y colibríes

Gallo

Loros

Petirrojo

PECES ÓSEOS
(20.000 especies)

Existen 27 órdenes, entre ellos:
Anguilas y congrios
Bacalaos y merluzas
Carpas y barbos

Lenguados y rodaballos
Peces gato y siluros
Percas, meros y atunes
Salmones y truchas
Sardinas y arenques

Salmón

TIBURONES y RAYAS
(1.000 especies)

Existen ocho órdenes de tiburones y seis órdenes de rayas

Raya

CLAVE DE LOS PRINCIPALES GRUPOS DE ANIMALES

Reino es la mayor agrupación: incluye a todos los animales. Otros reinos son las plantas, los hongos, los protistas y los moneras.

Phylum es cada una de las ramas principales del reino animal. Los cordados son un *phylum*.

Subphylum es una subdivisión de un *phylum*. Los crustáceos y las ascidias son *subphyla*.

Clase es una división de un *phylum*. Peces, anfibios, reptiles, aves y mamíferos son clases.

Orden es cada división de una clase. Los marsupiales, los roedores y los primates son órdenes de mamíferos.

Vocabulario

ADN: Siglas de ácido desoxirribo-nucleico, sustancia que forma los genes. Estos contienen toda la información para el desarrollo de un ser vivo, que se transmite de generación en generación. Cualquier pequeño cambio en el ADN, o mutación, produce las diferencias entre individuos de una misma especie y, a largo plazo, estos cambios son los responsables de la evolución.

alga: Planta primitiva sin raíz, tallo ni hojas. La mayoría de las algas son microscópicas y viven en el mar y en aguas dulces (son los organismos que dan color verde al agua de los estanques), pero también hay algas marinas de varios metros de longitud, como las laminarias.

almizcle: Sustancia muy olorosa que segregan ciertos animales y que usan para marcar su territorio. Aunque su olor, cuando está concentrado, es muy desagradable al olfato humano, el almizcle se usa en pequeñísimas dosis para fabricar perfumes.

artrópodo: Animal perteneciente al grupo de invertebrados formado por insectos, arácnidos, crustáceos y miriápodos (milpiés y ciempiés). Todos ellos tienen un esqueleto externo y patas articuladas, y sufren mudas (cambios de "piel") para poder crecer, dado que su esqueleto externo es rígido. El grupo de los artrópodos es el más numeroso.

banquisa: Zona de los océanos Ártico y Antártico cuya superficie congelada forma una capa continua de hielo sobre la que pueden vivir animales terrestres como los osos, zorros y otros. La amplitud de la banquisa varía con las estaciones, siendo mucho mayor en el invierno correspondiente a cada polo. En primavera, la banquisa se funde y forma infinidad de témpanos, o fragmentos de hielo, que son el hábitat de focas y otros animales.

cadena alimentaria: Serie lineal de seres vivos que son comidos unos por otros; por ejemplo: hierba-antílope-león.

camuflaje: Colores o formas del cuerpo de un animal que imitan los de hojas, ramas, piedras o cualquier otro elemento de su entorno y que disimulan la presencia del animal ante sus enemigos o presas.

carroña: Restos de animales muertos recientemente, que sirven de alimento a otros animales como los buitres y las hienas.

deciduo: Árbol que se desprende de sus hojas en otoño para ahorrar agua y entrar en un período de reposo durante el invierno. Es sinónimo de caducifolio.

dosel: Nivel superior de un bosque o selva, formado por las copas de la mayoría de los árboles.

endémico: Planta o animal originarios de un determinado hábitat. Se dice que una especie es un *endemismo* de cierto lugar cuando es exclusiva del mismo.

epífita: Planta que crece sobre otras plantas, generalmente sobre árboles, para alcanzar la luz del sol.

especie: Conjunto de seres vivos de características análogas que pueden reproducirse entre sí y tener descendientes fértiles.

estivación: Período de reposo por el que pasa un animal cuando el tiempo es muy cálido o seco, para ahorrar agua y energía. Es propia de animales del desierto.

fósil: Restos o huellas de una planta o un animal conservados en el subsuelo tras su muerte. Los restos se transforman lentamente en roca.

hábitat: Área de distribución de una especie, que comprende las características y condiciones ambientales, como el clima, el tipo de suelo y otras, que inciden sobre la forma de vida de una especie en su espacio vital.

herbívoro: En sentido estricto, animal que come hierba. En general, animal que se alimenta sobre todo de plantas. Estos animales tienen en su aparato digestivo bacterias que los ayudan a aprovechar los azúcares de las plantas.

hibernación: Período prolongado de sueño profundo en el que pasan el invierno muchos animales. Es propio de especies que viven en zonas de inviernos muy fríos.

invertebrado: Animal que no tiene columna vertebral, como los insectos, los moluscos y los gusanos. La mayoría de las especies animales son invertebrados.

kril: Conjunto de varias especies de crustáceos marinos, de alto poder nutritivo, que integran el zooplancton.

larva: Forma juvenil de los insectos y otros invertebrados, que suele tener un aspecto muy diferente del animal adulto. Por ejemplo, la larva de las mariposas es una oruga.

latifolio: Árbol de hoja ancha y plana, en contraposición a las coníferas, de hojas en forma de aguja. En general, los árboles latifolios son deciduos en las zonas templadas y frías, pero algunos, como la encina, no pierden las hojas en invierno.

limícola: Ave que se alimenta en el limo, o barro, buscando los animalillos que viven enterrados en él. Estas aves suelen tener patas largas para vadear aguas someras, y un pico largo y delgado con el que sondean el barro en busca de alimento.

mimetismo: Colores o formas por los que un animal, en general inofensivo, imita a otro de especie distinta que es venenoso o de mal sabor. Al ser confundido con la especie peligrosa, el imitador evita ser atacado por los depredadores. El mimetismo es distinto del camuflaje: el animal que se camufla trata de pasar desapercibido, mientras que el animal mimético suele llamar la atención con colores vivos de advertencia.

nicho: Lugar físico o papel que desempeña un ser vivo dentro de una comunidad.

piso: Cada una de las comunidades vegetales que se escalonan en una serie que varía con la altitud del terreno. Desde un valle hasta las cumbres de las montañas varía el tipo de suelo, el clima, la exposición al sol y otros factores, y ello hace que, a cada altitud, haya un tipo de vegetación diferente.

placentario: Mamífero que, durante su desarrollo fetal, se alimenta y respira a través de un órgano llamado placenta, situado en la pared del útero materno. Son placentarios todos los mamíferos, excepto los monotremas, que ponen huevos, y los marsupiales, que completan su desarrollo en el marsupio, o bolsa marsupial.

plancton: Conjunto de plantas y animales microscópicos que viven en el agua y viajan arrastrados por las corrientes. El plancton constituye la base de las cadenas alimenticias marinas.

prensil: Que puede curvarse alrededor de un objeto para asirlo. La cola prensil de muchos monos les sirve como quinto miembro para moverse por los árboles.

ramonear: Comer partes de las plantas que están a cierta altura del suelo, como ramas y hojas de arbustos y árboles. Los animales ramoneadores se distinguen así de los herbívoros estrictos, que comen hierba en el suelo.

red alimentaria: Conjunto de todas las cadenas alimentarias de un hábitat.

sangre caliente: Expresión usada comúnmente para referirse a los animales de temperatura corporal constante, como los mamíferos y las aves. Estos animales controlan su temperatura corporal, que se mantiene independiente de la temperatura ambiental.

sangre fría: Expresión que se usa comúnmente para referirse a los animales de temperatura variable, como los reptiles, los anfibios, los peces y los invertebrados. La temperatura corporal de estos animales y, por tanto, su actividad, dependen en alto grado de la temperatura ambiental, y suelen permanecer aletargados o inactivos cuando hace frío.

sotobosque: Vegetación formada por matorrales y hierbas altas que crecen bajo los árboles de un bosque. Muchos mamíferos y otros animales se alimentan en él, y numerosas aves del bosque hacen sus nidos en él para no competir con las aves que anidan en las copas de los árboles.

territorio: Área reclamada por un animal para alimentarse o para reproducirse, tratando de impedir la entrada de otros de su especie.

tremedal: Zona pantanosa con abundancia de plantas que pueden vivir empapadas y que cubren fácilmente todo el suelo como un césped. El término "tremedal" procede de la sensación de temblor en el suelo que se percibe al pisar dicho césped.

Índice alfabético

Créditos fotográficos

Fotografía

s = superior; i = inferior; c = centro; izq = izquierda; d = derecha
OSF = Oxford Scientific Films; BBC NHU = BBC Natural History Unit;
FLPA = Frank Lane Picture Agency

2s Manoj Shah/gettyOneStone, **2c** Chase Swift/CORBIS, **2i** Eyal
Bartov/OSF; **3sizq** Terry Heathcote/OSF, **3sd** David Tipling/BBC NHU,
3cizq Tom Ulrich/OSF, **3cd** Galen Rowell/CORBIS, **3i** Kennan Ward/
CORBIS; **4/5** Digital Vision; **6&7** Manoj Shah/gettyOneStone;
7s Richard Du Toit/BBC NHU, **7i** Paul Franklin/OSF; **11s** Ross
Couper-Johnston/BBC NHU, **11c** Martha Holmes/BBC NHU,
11iizq Wendy Shatti & Bob Rozinski/OSF; **17s** Michael Powles/OSF,
17c Keith Scholey/BBC NHU, **17iizq** Fritz Polking/FLPA/CORBIS,
17id Bruce Davidson/BBC NHU; **21s** Hans & Judy Beste/OSF,
21c A.G.(Bert) Wells/OSF, **21iizq** John Cancalosi/BBC NHU,
21id Robin Bush/OSF; **22/23** Chase Swift/CORBIS,
23s J.A.L.Cooke/OSF, **23i** Richard Davies/OSF; **27s** Anup Shah/BBC
NHU, **27c** Dieter Plage/OSF, **27iizq** Lynn Stone/BBC NHU,
27id Ardea; **33s** Neil P. Lucas/BBC NHU, **33c** Ingo Arndt/BBC NHU,
33iizq Michael Fogden/OSF, **33id** Morley Read/BBC NHU; **36** Anup
Shah/BBC NHU; **37s** Tom Brakefield/CORBIS, **37c** Anup Shah/BBC
NHU, **37i** CORBIS; **38/39** Eyal Bartov/OSF, **39s** Gallow
Images/CORBIS, **39i** Michael Fogden/OSF; **43s** Rob Nummington/OSF,
43c Joe MacDonald/CORBIS, **43iizq** Tony Heald/BBC NHU,
43id Francois Merlet FLPA; **49sizq** Christoph Becker/BBC NHU,
49sd Daniel J Cox/OSF, **49c** Paul N. Johnson/BBC NHU, **49i** Eyal
Bartov/OSF; **53s** J.A.L. Cooke/OSF, **53c** Marty Stouffer/Animals
Animals/OSF, **53i** Andrew Watson/Travel Ink; **54/55** Terry
Heathcote/OSF; **55s** Niall Benvie/BBC NHU, **55i** Terry
Heathcote/OSF; **58** Jim Hallett/BBC NHU; **59s** Staffan
Windstrand/BBC NHU, **59c** Konrad Wothe/OSF, **59i** Mark Yates/BBC
NHU; **65s** Jose Schell/BBC NHU, **65c** David Welling/BBC NHU,
65i Tom Lazar/BBC NHU; **68** Stanley Breeden/OSF; **69s** Lynn
Stone/BBC NHU, **69c** Michael Powles/OSF,
69i www.savechinastigers.org; **73s** Robin Bush/OSF,
73c FLPA/CORBIS, **73iizq** Steve Turner/OSF, **73id** Doug
Wechsler/OSF; **74/75** Tom Ulrich/OSF, **75s** Vladimir Kolbintsev/BBC
NHU, **75i** Ernest Wilkinson/OSF; **79s** Jeff Vanuga/CORBIS, **79i** Jack
Wilburn/Animals Animals/OSF; **84** G.&H. Denzau/BBC NHU;
85s Carlos Sanchez/OSF, **85i** Michael Powles/OSF; **86/87** Kennan
Ward/CORBIS, **87s** Richard Packwood/OSF, **87i** Andrey
Zvoznikov/BBC NHU; **90** Peter Weimann/Animals Animals/OSF;
91s Christoph Becker/BBC NHU, **91i** Papilio/CORBIS; **97s** David M.
Dennis/OSF, **97i** Tom Vezo/BBC NHU; **98/99** David Tipling/BBC NHU;
99s ECOSCENE/Hulme, **99c** Frithjof Skibbe/OSF, **99i** Chris
Gomersall/BBC NHU; **103s** Jeff Foott/BBC NHU, **103i** Daniel
J Cox/OSF; **109s** Arnoud van den Berg, **109i** Keith Ringland/OSF;
113s Bruce Davidson/BBC NHU, **113i** Liz & Tony Bomford/OSF;
115s Martyn Colbeck/OSF, **115c** David Muench/CORBIS,
115i Richard Packwood/OSF; **114/115** Galen Rowell/CORBIS

Ilustración

10-11, 86-87, 98-99 Gill Tomblin
12-13, 28-29, 44-45, 92-93, 104-105, 118-119 Russell Barnett
16-17, 36-37 Richard Bonson
20-21, 32-33, 68-69, 72-73, 78-79, 84-85 Michael Woods
26-27, 52-53, 64-65 Chris Orr Associates
42-43 Christian Webb/Temple Rogers
48-49, 108-109, 112-113 Peter David Scott/ Wildlife Art Agency
58-59, 90-91 Brian Delf
60-61, 80-81, 96-97, 102-103, 114-115 Ian Jackson/Wildlife
Art Agency

Mapas
Alan Collinson Design

Mamíferos
Graham Allen, Sandra Doyle/Wildlife Art Agency, John Francis,
Tudor Humphries, Eric Robson, Dick Twinney, Michael Woods

Aves
Norman Flrott, Dianne Breeze, Chris Christoforou,
Barry Croucher/Wildlife Art Agency, Malcolm Ellis, Robert Gilmour,
Peter Hayman, Denys Ovenden, Andrew Robinson, Chris Rose,
Michael Woods

Reptiles
Steve Kirk, Alan Male, Eric Robson, Peter David Scott/Wildlife
Art Agency

Anfibios
Robin Boutell/Wildlife Art Agency, Alan Male

Insectos e invertebrados
Joanne Cowne, Sandra Doyle, Ian Jackson/Wildlife Art Agency,
Bridget James, Steve Kirk, Adrian Lascom, Alan Male,
Colin Newman, Steve Roberts, Michael Woods

Peces
Colin Newman